播音主持 演讲口才
训练教程

BOYIN ZHUCHI
YANJIANG KOUCAI
XUNLIAN JIAOCHENG

戴明康 ◎ 编著

项目策划：王　睿　王　冰
责任编辑：王　冰
责任校对：张伊伊
封面设计：墨创文化
责任印制：王　炜

图书在版编目（CIP）数据

播音主持、演讲口才训练教程 / 戴明康编著 . — 成都：四川大学出版社，2021.2
ISBN 978-7-5614-6762-6

Ⅰ . ①播… Ⅱ . ①戴… Ⅲ . ①播音－语言艺术－教材②主持人－语言艺术－教材③演讲－语言艺术－教材 Ⅳ . ① G222.2 ② H019

中国版本图书馆 CIP 数据核字（2021）第 026165 号

书名	播音主持、演讲口才训练教程
编　著	戴明康
出　版	四川大学出版社
地　址	成都市一环路南一段 24 号（610065）
发　行	四川大学出版社
书　号	ISBN 978-7-5614-6762-6
印前制作	四川胜翔数码印务设计有限公司
印　刷	郫县犀浦印刷厂
成品尺寸	170mm×240mm
印　张	12.25
字　数	234 千字
版　次	2021 年 5 月第 1 版
印　次	2021 年 5 月第 1 次印刷
定　价	48.00 元

◆版权所有　◆侵权必究

扫一扫，做练习

◆ 读者邮购本书，请与本社发行科联系。
　电话：(028)85408408／(028)85401670／(028)86408023　邮政编码：610065
◆ 本社图书如有印装质量问题，请寄回出版社调换。
◆ 网址：http://press.scu.edu.cn

四川大学出版社
微信公众号

前　言

　　播音主持具有很强的职业性，播音员、主持人是专业型人才，在广电传媒机构担任重要角色。他们用自己的声音、形象、才华和综合魅力创造价值，推动着传媒事业不断向前发展。他们为广大群众传达信息，也给大家带来了视觉与听觉的享受。

　　优秀的演讲口才具有很强的实用性，在工作、生活、日常交际中都有用武之地，它的作用渗透于各个领域，大如国际争端的解决，小如商业谈判、职位竞聘，等等。

　　播音主持与演讲口才看似两种不同的学问，其实两者在训练过程中有许多相通之处，例如普通话语音的矫正，如何科学地用气发声，语言表达技巧的掌握，等等。本书之所以取名《播音主持演讲口才训练教程》，旨在针对播音主持进行专业性训练，以提升播音员、主持人的职业技能水平，同时针对演讲能力的提升进行综合性训练，让口才的作用在工作、生活中发挥出来，发挥其广泛适用性。

　　全书共分五章。第一章，播音主持与演讲口才关系概论。对播音主持、演讲口才的定义及其关系进行概括总结，对两者的相同和区别之处进行归纳介绍。第二章，语言基本功训练。分别从汉语普通话语音、用气发声、语言表达技巧三个方面进行深入介绍和举例训练，以打牢播音员、主持人、演讲者的语言基本功，帮助其提高表达技巧。第三章，综合能力训练。在打牢语言功底的基础上，通过礼仪姿态、语言组织能力、表演技巧、朗诵、贯口、快板等训练，提高学习者的综合素养，帮助其提升逻辑思维能力。第四章，实战训练。分别对主持、播音、演讲三种语言艺术形式进行介绍，对每种形式的训练方法进行分析总结、归纳分类，举实例演练。第五章，语言艺术形式的区别和对比训练。对和播音、主持、演讲相关的容易混淆的几种语言艺术形式进行分析，归纳其区别，并进行对比训练。

　　本教程编选了一些作品作为朗读练习材料，在此我们谨向原作者表示诚挚的感谢。播音、主持、演讲方面的教材有其特定的阅读对象，篇幅长短方面也有限制，因此我们在编选中对部分作品进行了增删。

目　录

第一章　播音主持与演讲口才关系概论……………………………………（001）
　　第一节　播音、主持、演讲、口才的定义………………………………（001）
　　第二节　播音主持与演讲口才的关系……………………………………（002）

第二章　语言基本功训练……………………………………………………（004）
　　第一节　汉语普通话语音训练……………………………………………（004）
　　第二节　用气发声训练……………………………………………………（065）
　　第三节　语言表达技巧训练………………………………………………（088）

第三章　综合能力训练………………………………………………………（100）
　　第一节　仪态训练…………………………………………………………（100）
　　第二节　表演基础训练……………………………………………………（111）
　　第三节　朗诵训练…………………………………………………………（122）
　　第四节　其他语言艺术形式综合训练……………………………………（138）
　　第五节　语言组织能力训练………………………………………………（147）

第四章　实战训练……………………………………………………………（151）
　　第一节　主持综合训练……………………………………………………（151）
　　第二节　播音综合训练……………………………………………………（162）
　　第三节　演讲综合训练……………………………………………………（170）

第五章　语言艺术形式的区别和对比训练……………………………………（176）

第一节　朗读与朗诵的区别和对比训练……………………………………（176）

第二节　朗诵与舞台主持的区别和对比训练………………………………（178）

第三节　朗诵与讲故事的区别和对比训练…………………………………（179）

第四节　朗诵与演讲的区别和对比训练……………………………………（180）

第五节　舞台主持与电视栏目主持的区别和对比训练……………………（181）

第六节　舞台主持与演讲的区别和对比训练………………………………（182）

第七节　演讲与讲故事的区别和对比训练…………………………………（183）

第八节　电视栏目主持与电视口播新闻播音的区别和对比训练……（184）

第九节　播音与朗诵的区别和对比训练……………………………………（186）

参考文献……………………………………………………………………………（189）

第一章　播音主持与演讲口才关系概论

第一节　播音、主持、演讲、口才的定义

在日常生活和工作中，人们对播音、主持、演讲、口才几个词汇并不陌生，但是大家对其定义以及相互之间的关系未必有明确和深入的认识。在训练过程中，学员往往因混淆概念、目标不明确而导致训练效果不佳。其定义和关系主要可归纳为以下三种。

（1）第一种定义法：把播音、主持、演讲、口才列为四种独立存在的形式。

播音是指在电台、电视台的新闻报道、天气预报等节目中，进行的一切有关声音语言和副语言传播信息的活动。

主持即在舞台上、电视中以及相关电子媒体甚至生活中出现的为听众、观众主持固定节目或活动的一种形式。

演讲即在公众场合，以有声语言为主要手段，针对某个具体问题，鲜明、完整地发表自己的见解和主张，阐明事理或抒发情感，进行宣传鼓动的一种语言交际活动。

口才即说话的才能，是指在日常口语交际过程中，能够运用得体、生动、有趣、巧妙、有效的口语表达策略，达到特定的交际目的，取得良好的交际效果的一种能力。

这种定义法将播音、主持、演讲、口才列为四种独立的存在形式，谁也不隶属于谁。

（2）第二种定义法：口才就是指语言才能的体现，但凡是跟语言艺术相关的都属于口才的范畴。无论是播音、主持、演讲，还是讲故事、快板、相声表

演以及生活中的口语交际能力都可称作口才。

（3）第三种定义法：根据大学专业和就业方向以及训练的侧重点不同，把播音主持归为一类，把演讲口才归为另一类。播音主持作为传媒类职业之一，具有很强的职业性。要求播音员、主持人具有相关的基础理论知识，多种语言表达技巧，能够在各级各类电视台、电台、广告公司、教育、旅游、电信等单位从事语言艺术工作。而演讲口才是指借助语言解决实际问题的能力，包括单向的演讲口才以及双向的交谈口才。其具有广泛的适用性，在工作、学习、生活等方方面面都可运用。

以上三种定义方法，应该说各有各的道理。为了明确训练目标，让训练更具效果，本书倾向于第三种定义法。笔者希望通过书中的训练，读者既能在播音主持方面得到专业性的指导，提升播音、主持的职业技能水平，又能提升演讲口才，让口才的作用得以在工作、生活中的方方面面发挥体现出来。

第二节　播音主持与演讲口才的关系

我们虽然将播音主持和演讲口才定义为两门不同的学问，但是两者相辅相成，有着密不可分的关系。

随着社会的进步发展，传媒行业在迅速发展的同时也发生了巨大的改变：许多新闻录播节目现在改成直播节目；节目形式的创意层出不穷，例如新出现的相亲节目、真人秀节目、求职面试节目，等等。新时代对播音员、主持人的要求日新月异。优秀的播音员、主持人，不是照本宣科的传播工具，而应该是有扎实的语言文字功底，有气质、有个性、有魅力的综合性人才。除了掌握相关的播音主持理论知识，也要具有演讲口才所要求的基本素养，如语言组织能力、临场应变能力、现场把控能力等。尤其对于访谈类节目和综艺类节目主持人来讲，灵活运用自己的语言表达策略，用幽默、准确、生动、得体的语言让整个节目在自己的带动下变得富有内涵、有趣活泼，从而达到吸引观众的目的，是必须学习和掌握的技能。

同样，想成为优秀的演讲者，拥有好口才，就必须具备播音主持要求的语言基本功。一些人认为，演讲不一定要用标准的普通话，只要能够表达真情实感、阐述好自己的观念、打动人心，就是很好的了。但随着时代的进步，教育质量的提高，各行业对普通话的要求更高了，所以演讲者为了使自己的演讲更具传播价值，更准确地表情达意，也应使用标准的普通话。如何科学地用气发声，让自己的声音优美动听，能够在长时间、高强度的使用下保证声音的质量,如何掌握好表达的技巧,使语言抑扬顿挫、生动形象、富有感染力,不仅是播音主持专业及行业要求的语言功底,也是演讲口才所需要的基本语言素养。

在播音主持、演讲口才的训练过程中,对于语言基本功和相关综合能力的训练要求是相同的,在具体实战演练中其侧重点则各不相同。播音对语言的规整性要求很高,要做到字正腔圆、规范缜密、轻重恰当、质朴平稳。主持注重把握和明确自己的形象定位,要与节目的形象风格统一,使自己与节目相融合,根据节目或活动的具体形式以及现场具体情况,通过自己的语言魅力、肢体动作、临场应变能力,做好承上启下,将节目或活动与观众的心灵连接起来。演讲应突出自己的个性,同时要做到心中有听众。演讲者要通过观察听众的表情及场上的气氛变化,及时调整演讲的内容、方式、节奏,要做到言之有物、言之有理、言之有情、言之有味。演讲者应通过高超的演说技巧,配合肢体动作,来引起听众的共鸣,从而打动听众。日常交谈应注重逻辑思维,生活中要多读、多听、多写、多说、多练,语言运用得体、生动、有趣、巧妙,同时根据交谈对象的特点和情绪变化等不断调整自己的语言表达策略以达到特定的交际目的,取得良好的交际效果。

第二章 语言基本功训练

播音、主持、演讲都是有声语言的再创造，是语言艺术活动。语言的基本功对于播音员、主持人、演讲者来说是"重中之重"。标准的语音，规范的表达，富有感染力和感情色彩的语言，科学的用气发声都是不可缺少的基本语言能力。这一章从汉语普通话语音、用气发声、表达技巧这三个方面入手，进行系统全面的介绍和训练，以打牢播音员、主持人、演讲者的语言功底，提高交谈口才的表达技巧。

第一节 汉语普通话语音训练

普通话是中国不同民族间进行沟通交流的通用语言，也是联合国官方工作语言之一。它以北京语音为标准音，以北方官话为基础方言，以典范的现代白话文著作为语法规范。对于使用汉语普通话的播音员、主持人、演讲者来说，一定要打牢语音基础，做到准确规范。

音节是普通话语音的基本构成单位，一个汉字就是一个音节，汉语的音节由声母、韵母、声调三部分组成，声母在前，韵母紧随其后，再带一个贯穿整个音节的声调。

一、声母

声母是音节开头的部分，拼读时候时程短、音势弱，容易受到干扰，易产生吃字现象，从而影响语音的清晰度。声母的发音部位是否准确，是语流中字音是否清晰的关键。

声母共有21个，按发音部位（发音时发音器官构成阻碍的部位）分类，可分为以下7类。

双唇音：b p m（3个）

唇齿音：f（1个）

舌尖前音：z c s（3个）

舌尖中音：d t n l（4个）

舌尖后音：zh ch sh r（4个）

舌面音：j q x（3个）

舌根音：g k h（3个）

还有部分没有声母的音节，叫零声母音节。例如，"恩"字，拼音写作"en"，就是零声母音节。

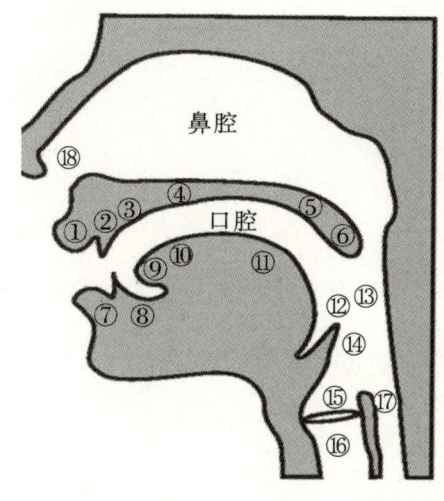

发音器官示意图

①上唇　　⑩舌面
②上齿　　⑪舌根
③齿龈　　⑫咽头
④硬腭　　⑬咽壁
⑤软腭　　⑭会厌
⑥小舌　　⑮声带
⑦下唇　　⑯气管
⑧下齿　　⑰食道
⑨舌尖　　⑱鼻孔

（一）双唇音：b p m

b **发音要点：**

发音时双唇闭紧，软腭上升，鼻腔通路闭塞，阻碍气流，气流从口腔冲破阻碍，爆发成声。双唇中部着力，集中蓄气，用力发音。

发音例词：

奔波 bēn bō　　　摆布 bǎi bù　　　宝贝 bǎo bèi

包办 bāo bàn　　　标兵 biāo bīng　　　白布 bái bù

字、词、绕口令训练：

bā	bǎ	bái	bān	bàn	bāng	bǐ	biàn	biǎo	bīng	bìng	bō	bǔ	bù
八	把	白	班	办	帮	笔	变	表	冰	病	播	补	不

bǎ wò	bái sè	bàn fǎ	bāng zhù	bǐ jiào	bì rán	biàn huà
把握	白色	办法	帮助	比较	必然	变化

bù lún bú lèi　　bù huái hǎo yì　　bié chū xīn cái　　bān mén nòng fǔ
不伦不类　　不怀好意　　别出心裁　　班门弄斧

巴老爷有八十八棵芭蕉树，来了八十八个把式要在巴老爷八十八棵芭蕉树下住。

巴老爷拔了八十八棵芭蕉树，不让八十八个把式在八十八棵芭蕉树下住。

八十八个把式烧了八十八棵芭蕉树，巴老爷在八十八棵树边哭。

p 发音要点：

发音时上唇、下唇闭紧，形成阻碍，软腭上升，关闭鼻腔通道，声带不振动，气流较强，一下冲破双唇阻碍，爆发成声。

发音例词：

偏旁 piān páng　　　批评 pī píng　　　匹配 pǐ pèi

拼盘 pīn pán　　　　乒乓 pīng pāng　　铺平 pū píng

字、词、绕口令训练：

pà　pá　pāi　pán　pàng　páng　pǎo　pò　pō　pí　piàn　pǐn　píng
怕　爬　拍　盘　胖　旁　跑　破　坡　皮　片　品　平

pái liè　pàn duàn　páng biān　péi yǎng　pèi hé　péng you　pī fā　pǐn zhì　pǔ tōng
排列　判断　旁边　培养　配合　朋友　批发　品质　普通

pū miàn ér lái　péng bì shēng huī　píng shuǐ xiāng féng　pǔ shí wú huá
扑面而来　蓬荜生辉　萍水相逢　朴实无华

白伯伯，彭伯伯，饽饽铺里买饽饽。

白伯伯买的饽饽大，彭伯伯买的大饽饽。

拿到家里给婆婆，婆婆又去比饽饽。

不知白伯伯买的饽饽大，还是彭伯伯买了个大饽饽。

m 发音要点：

发音时上唇、下唇闭紧，软腭下降，打开鼻腔通道，气流振动声带并从鼻腔冲出成声。

发音例词：

面貌 miàn mào　　　麦苗 mài miáo　　　眉目 méi mù

麻木 má mù　　　　明媚 míng mèi　　　美妙 měi miào

字、词、绕口令训练：

mā　mǎi　màn　máng　máo　měi　mén　mèng　mù　mǐ　miàn　míng　mín
妈　买　慢　忙　毛　美　门　梦　目　米　面　明　民

miáo　mǒu
苗　某

māma	mǎshàng	mǎn yì	máodùn	měinián
妈妈	马上	满意	矛盾	每年

měishù	mèimei	mì mì	mínbīng	mùguāng
美术	妹妹	秘密	民兵	目光

mù zhōng wú rén	zì xiāng máo dùn	mào měi rú huā	miào bù kě yán
目中无人	自相矛盾	貌美如花	妙不可言

白庙外蹲着一只白猫，白庙里有一顶白帽。
白庙外的白猫看见了白帽，叼着白庙里的白帽跑出了白庙。

辨析

双唇音 b、p、m 对比辨析训练

三个音的发音部位都是双唇，上下唇自然并拢，嘴角不要用力，力量只集中在双唇的中部，且双唇不要向内裹。

b 和 p 的差别在于 b 为不送气音，p 为送气音。m 和 b、p 的差别在于 m 是鼻音，发音时鼻腔通路开放，气流从鼻腔里出来。

八百标兵奔北坡，炮兵并排北边跑，
炮兵怕把标兵碰，标兵怕碰炮兵炮。
炮兵攻打八面坡，炮兵排排炮弹齐发射。
步兵逼近八面坡，歼敌八千八百八十多。

爸爸抱宝宝，跑到布铺买布做长袍。
宝宝穿了长袍不会跑，跑了八步就拉破了布长袍。
布长袍破了还要用布补，再跑到布铺买布补长袍。

（二）唇齿音：f

f 发音要点：

发音时下唇略内收，靠近上齿，形成一条窄缝，软腭上升，关闭鼻腔通道，声带不振动，气流从唇齿音的窄缝中挤出，摩擦成声。

发音例词：

| 方法 fāng fǎ | 肺腑 fèi fǔ | 丰富 fēng fù | 非凡 fēi fán |
| 奋发 fèn fā | 芬芳 fēn fāng | 反复 fǎn fù | 仿佛 fǎng fú |

字、词、绕口令训练：

<small>fā fǎ fàn fán fáng fāng fēi fèi féi fèn fēn fěn fēng fēng</small>
发　法　饭　烦　房　方　飞　费　肥　奋　分　粉　峰　风

<small>fèng fó fū fù</small>
凤　佛　夫　赋

<small>fā biǎo fā xiàn fàn zuì fāng zhēn fàng qì fēn chéng fēng kuáng fēng zī</small>
发表　发现　犯罪　方针　放弃　分成　疯狂　风姿

<small>fēi xíng fú zhuāng fēng jiàn fù zá</small>
飞行　服装　封建　复杂

<small>fēn miǎo bì zhēng fēng huá zhèng mào fēng shēng hè lì fǎn fù wú cháng</small>
分秒必争　风华正茂　风声鹤唳　反复无常

父母的父母扶父母，父母扶父母的父母。
父母是父母的父母，父母的父母是父母。

黑灰化肥会挥发发灰黑化肥挥发，
灰黑化肥会挥发发黑灰化肥发灰。

方幌子，黄幌子，方幌子是黄幌子，黄幌子是方幌子。
晃动方幌子，是晃动黄幌子，晃动黄幌子，是晃动方幌子。

（六）舌面音：j q x

j 发音要点：
发音要领是舌面前部抵住硬腭前部，软腭上升，堵住鼻腔通路，声带不振动，较弱的气流冲开一条窄缝，摩擦成声。口形稍扁。

发音例词：
阶级 jiē jí　坚决 jiān jué　经济 jīng jì　交际 jiāo jì　积极 jī jí
简洁 jiǎn jié

字、词、绕口令训练：

<small>jí jī jiǎ jiā jiǎ jiàn jiàn jiāng jiāng jiè jiào jiāo jié jiē</small>
级　机　甲　加　假　见　件　将　江　借　教　交　节　接

<small>jìn jìn jīng jiù jù jiào</small>
近　尽　经　旧　句　觉

<small>jī hū jì lǜ jì chéng jiā tíng jiān chí jìn liàng jiào yù jiǎo dù jié hūn</small>
几乎　纪律　继承　家庭　坚持　尽量　教育　角度　结婚

<small>jiě jué jìn dài jiè shào</small>
解决　近代　介绍

<small>jié jìn quán lì jiān chí bú xiè jìn xīn jìn lì jiāo tóu jiē ěr</small>
竭尽全力　坚持不懈　尽心尽力　交头接耳

尖塔尖，尖杆尖，

杆尖尖似塔尖尖，
塔尖尖似杆尖尖。
有人说杆尖比塔尖尖，
有人说塔尖比杆尖尖。
不知到底是杆尖比塔尖尖，
还是塔尖比杆尖尖。

q 发音要点：
发音情况同 j 大体相同，只是冲出的气流较强。

发音例词：
亲戚 qīnqi　　崎岖 qíqū　　确切 quèqiè　　蜷曲 quánqū
强权 qiángquán　　请求 qǐngqiú

字、词、绕口令训练：

qí	qì	qián	qiān	qián	qiáng	qiǎng	qiāng	qiǎo	qiú	qū	qiāo	qiáo
旗	气	钱	千	前	强	抢	枪	巧	求	区	敲	桥

qīn	qín	qiě	qiē	qǐng	qīng	què	quē	què
亲	勤	且	切	请	轻	却	缺	确

qī zi	qí shí	qǐ fā	qì xiàng	qì guān	qiáng liè	qiāo qiāo	qīn lüè	qīn qiè
妻子	其实	启发	气象	器官	强烈	悄悄	侵略	亲切

qīng nián	quán lì	qún zhòng
青年	权利	群众

quán xīn quán yì　　nián qīng yǒu wéi　　míng fù qí shí　　qián tú yuǎn dà
全心全意　　年轻有为　　名副其实　　前途远大

七巷一个漆匠，西巷一个锡匠，
七巷漆匠偷了西巷锡匠的锡，
西巷锡匠拿了七巷漆匠的漆，
七巷漆匠气西巷锡匠偷了漆，
西巷锡匠讥七巷漆匠拿了锡。

x 发音要点：
发音时，舌面前部接近硬腭前部，留出窄缝，软腭上升，堵住鼻腔通路，声带不振动，气流从窄缝中挤出，摩擦成声。

发音例词：
虚心 xūxīn　　学习 xuéxí　　形象 xíngxiàng
相信 xiāngxìn　　新鲜 xīnxiān　　闲暇 xiánxiá

字、词、绕口令训练：

xǐ	xiān	xiàn	xiàng	xiǎng	xué	xuǎn	xià	xiě	xiè	xīn	xīng	xiù
喜	先	线	像	想	学	选	下	写	谢	心	星	秀

xī běi	xiāng sì	xiǎng shòu	xìn hào	xū yào	xiè xie	xuè guǎn	xuǎn zé
西北	相似	享受	信号	需要	谢谢	血管	选择

xiāng qīn xiāng ài	xiān shēng duó rén	xǐ shàng méi shāo	xíng yǐng bù lí
相亲相爱	先声夺人	喜上眉梢	形影不离

戏台东演新戏喜新春，戏台西演旧戏卖新席。
看一眼戏台东演新戏，看一眼戏台西演旧戏，
同时看两出戏，你说新奇不新奇。

辨析

舌面音 j、q、x 对比辨析训练

三个声母都是由舌面前部抵住或接近硬腭前部阻碍气流而形成发音。

j、q 发音时舌面前部抵住硬腭前部，x 发音时需要留出窄缝，气流从窄缝中挤出，摩擦成声。q 的发音方法跟 j 大体相同，只是送出的气流较强。

小齐吹气球，小于玩皮球。
小齐要拿气球换小于的皮球，小于不拿皮球换小齐的气球。

京剧叫京剧，警句叫警句，
京剧不能叫成警句，警句不能叫成京剧。

拿大工资的买下大公鸡，想投资不想投机；
拿小工资的买下小公鸡，想投机不想投资。
不久，投资的要投机，投机的要投资。
不知是真投资假投机，还是真投机假投资。

（七）舌根音：g k h

g 发音要点：
发音时，舌面后部抬起抵住硬腭和软腭的交界处，形成阻塞，空气蓄积在口腔后部和咽腔内，当舌面离开软腭时，气流爆发成声。声带不震动。

发音例词：

公共 gōng gòng　　改革 gǎi gé　　骨骼 gǔ gé

刚果 gāng guǒ　　更改 gēng gǎi　　高干 gāo gàn

字、词、绕口令训练：

改 gǎi　感 gǎn　干 gàn　高 gāo　歌 gē　各 gè　够 gòu　狗 gǒu　更 gèng　功 gōng　共 gòng　古 gǔ　瓜 guā

关 guān　广 guǎng　光 guāng　果 guǒ

改变 gǎi biàn　改革 gǎi gé　干净 gān jìng　刚才 gāng cái　工人 gōng rén　广播 guǎng bō　国家 guó jiā　过程 guò chéng

公共 gōng gòng

公私分明 gōng sī fēn míng　干干净净 gān gān jìng jìng　隔墙有耳 gé qiáng yǒu ěr　各奔东西 gè bèn dōng xī

哥挎瓜筐过宽沟，

赶快过沟看怪狗，

光看怪狗瓜筐扣，

瓜滚筐空哥怪狗。

k 发音要点：

发音的状况与 g 相近，只是 k 有一股较强的气流冲开双唇，两者的差别在于 g 为不送气音，k 为送气音，声带不振动。

发音例词：

可靠 kě kào　　宽阔 kuān kuò　　困苦 kùn kǔ

口渴 kǒu kě　　空客 kōng kè　　开矿 kāi kuàng

字、词、绕口令训练：

看 kàn　康 kāng　抗 kàng　靠 kào　考 kǎo　可 kě　课 kè　科 kē　肯 kěn　坑 kēng　空 kōng　孔 kǒng　口 kǒu

扣 kòu　夸 kuā　跨 kuà　快 kuài　款 kuǎn　宽 kuān　狂 kuáng　困 kùn　昆 kūn　亏 kuī　阔 kuò

开放 kāi fàng　开辟 kāi pì　看法 kàn fǎ　抗战 kàng zhàn　烤炉 kǎo lú　科研 kē yán　肯定 kěn dìng　空间 kōng jiān　口号 kǒu hào

会计 kuài jì　扩大 kuò dà　快乐 kuài lè　昆虫 kūn chóng　扩张 kuò zhāng　可以 kě yǐ　科学家 kē xué jiā

可歌可泣 kě gē kě qì　快乐无比 kuài lè wú bǐ　狂妄自大 kuáng wàng zì dà　开天辟地 kāi tiān pì dì

一班有个黄贺，二班有个王克，黄贺、王克二人搞创作，黄贺搞木刻，王克写诗歌。黄贺帮助王克写诗歌，王克帮助黄贺搞木刻。由于二人搞协作，黄贺完成了木刻，王克写好了诗歌。

h 发音要点：
发音时，舌根接近硬腭和软腭的交界处，形成间隙，软腭上升，堵塞鼻腔通路，声带不振动，气流从窄缝中摩擦出来。

发音例词：

呼唤 hū huàn　　　　缓和 huǎn hé　　　　辉煌 huī huáng

黑海 hēi hǎi　　　　　画花 huà huā　　　　化合物 huà hé wù

字、词、绕口令训练：

huàn　hái　hǎi　hài　hàn　háng　hǎo　hào　hé　huài　hē　hēi　hěn　hèn
换　　还　　海　　害　　汉　　行　　好　　号　　和　　坏　　喝　　黑　　很　　恨

hòu　hǔ　huà　huàn　huó
后　　虎　　化　　换　　活

hái zi　hài pà　hàn yǔ　háng yè　hǎo chù　huó pō　hóng jūn　hòu lái　hū xī
孩子　害怕　汉语　行业　好处　活泼　红军　后来　呼吸

hū rán　huán jié
忽然　环节

hé qi shēng cái　huì shēng huì sè　hòu huǐ mò jí　huí xīn zhuǎn yì
和气生财　　　绘声绘色　　　后悔莫及　　　回心转意

小花和小华，一同种庄稼。

小华种棉花，小花种西瓜。

小华的棉花开了花，小花的西瓜结了瓜。

小花找小华，商量瓜换花。

小花用瓜换了花，小华用花换了瓜。

舌根音 g、k、h 对比辨析训练

在发 g 时，舌根隆起抵住软腭，气流因通路被完全封闭而积蓄起来，然后舌根下降，脱离软腭，气流迸发而出，爆发成声。

g、k 发音方式相同，只是在发 k 时，冲出的气流比发 g 时要强许多。

发 h 时，舌根隆起与软腭之间形成一个窄缝，气流从窄缝中泄出摩擦成声。

小郭画了朵红花，
小葛画了朵黄花。
小郭想拿他画的红花，
换小葛画的黄花，
小葛把他画的黄花，
换了小郭画的红花。

哥哥捉蝈蝈，蝈蝈蹦哥哥。
哥哥找蝈蝈，蝈蝈躲哥哥。
捉住小蝈蝈，哥哥乐呵呵。

老爷堂上一面鼓，
鼓上一只皮老虎。
老虎抓破堂上的鼓，
拿块破布补破鼓。
只见过破布补破裤，
哪见过破布补破鼓。

（四）舌尖中音：d t n l

d 发音要点：
发音时舌尖抵住上齿龈，形成阻碍，软腭上升，关闭鼻腔通道，气流一下冲破舌尖阻碍，爆发成声。

发音例词：
电灯 diàn dēng　　当代 dāng dài　　导弹 dǎo dàn　　大地 dà dì
单调 dān diào　　道德 dào dé　　等待 děng dài　　奠定 diàn dìng

字、词、绕口令训练：

dà	dǎ	dài	dài	dāng	dǎng	dào	dǎo	dé	diǎn	diàn	dǐ	diào	diāo
大	打	戴	待	当	党	到	导	得	点	电	底	调	叼

diē	dié	dòng	dǒng	dōng	dòu	dù	duàn	duǎn	duì
爹	碟	动	懂	东	斗	度	段	短	对

dǎ suàn	dān xīn	dāng qián	dāng rán	dāng nián	dì fāng	diǎn xíng	dìng lǜ
打算	担心	当前	当然	当年	地方	典型	定律

dōng xī	dōng jì	dǒng de	dū huì	dú tè	dùn shí
东西	冬季	懂得	都会	独特	顿时

dà zhì ruò yú	diàn shǎn léi míng	dōng duǒ xī cáng	dé dào chéng xiān
大智若愚	电闪雷鸣	东躲西藏	得道成仙

大妹和小妹，一起去收麦。
大妹割小麦，小妹割大麦。
大妹帮小妹挑大麦，小妹帮大妹捆小麦。
大妹小妹收完麦，高高兴兴去打麦。

t 发音要点：
发音时舌尖抵住上齿龈，形成阻碍，软腭上升，关闭鼻腔通道，气流较强，一下冲破阻碍，爆发成声。注意要有送气的动作，声带不振动。

发音例词：

团体 tuán tǐ　　铁塔 tiě tǎ　　天堂 tiān táng　　探讨 tàn tǎo
淘汰 táo tài　　忐忑 tǎn tè　　体贴 tǐ tiē　　贪图 tān tú

字、词、绕口令训练：

tā　tǎ　tái　tài　tán　tān　tán　táng　tāng　tào　táo　tí　tuǐ　téng
他　塔　台　太　谈　贪　谭　唐　汤　套　逃　题　腿　腾

téng　tǐ　tiān　tián　tiào　tiē　tīng　tíng　tú　tuán　tuī　tuō
疼　体　天　甜　跳　贴　听　停　图　团　推　脱

tā men　tài tai　tài dù　tàn suǒ　tè bié　tí chàng　tǐ xì　tiān dì　tiáo jiàn
他们　太太　态度　探索　特别　提倡　体系　天地　条件

tiě lù　tīng jiàn　tíng zhǐ　tōng guò　tuī xíng
铁路　听见　停止　通过　推行

tiān wài yǒu tiān　tài píng shèng shì　táng láng bǔ chán　tiāo sān jiǎn sì
天外有天　太平盛世　螳螂捕蝉　挑三拣四

谭家谭老汉，挑担到蛋摊，买了半担蛋，
挑担到炭摊，买了半担炭，满担是蛋炭。
老汉忙回赶，回家炒蛋饭。

n 发音要点：
发音时舌尖抵住上齿龈，形成阻碍，软腭下降，关闭口腔通道，打开鼻腔通道，气流振动声带，并从鼻腔透出成声。

发音例词：

牛奶 niú nǎi　　南宁 nán níng　　男女 nán nǚ　　恼怒 nǎo nù
农奴 nóng nú　　泥泞 ní nìng　　能耐 néng nai　　内能 nèi néng

字、词、绕口令训练：

nà　ná　nǎ　nǎi　nài　nán　nán　nǚ　nán　nào　nǎo　nèi　néng　nǐ　nǐ
那　拿　哪　奶　耐　难　男　女　南　闹　脑　内　能　你　拟

ní	nián	niàn	niáng	niàng	niǎo	niào	nín	niú	niū	nóng
泥	年	念	娘	酿	鸟	尿	您	牛	妞	农

nǎ xiē	nà lǐ	nǎi nai	nài hé	nán dào	nǎo dai	nèi bù	nèn lǜ	ní jiāng
哪些	那里	奶奶	奈何	难道	脑袋	内部	嫩绿	泥浆

nǐ dìng	nì ài	niē zào	níng wàng	nóng dù	nǔ lì	nú lì
拟定	溺爱	捏造	凝望	浓度	努力	奴隶

nòng xū zuò jiǎ	yí nuò qiān jīn	néng zhě duō láo	nián fù yì nián
弄虚作假	一诺千金	能者多劳	年复一年

蓝教练是女教练，吕教练是男教练；
蓝教练不是男教练，吕教练不是女教练。
蓝南是男篮主力，吕楠是女篮主力；
吕教练在男篮训练蓝南，蓝教练在女篮训练吕楠。

| 发音要点：

发音时舌尖抵住上齿龈（略后），堵塞口腔中路通道，舌头两侧要有空隙，软腭上升，关闭鼻腔通道，气流振动声带，并经舌头两边从口腔冲出成声。

发音例词：

理论 lǐ lùn　　流利 liú lì　　嘹亮 liáo liàng　　老练 lǎo liàn
轮流 lún liú　　连累 lián lèi　　拉拢 lā lǒng　　来历 lái lì

字、词、绕口令训练：

lā	là	lái	lài	lán	lǎn	làn	lǎng	láng	lǎo	lāo	láo	lǜ	lǚ	lè
拉	辣	来	赖	兰	懒	烂	朗	狼	老	捞	劳	绿	吕	乐

lèi	léi	lěng	lǐ	lì	lǐ	lín	lín	lìng	lìng	liù	liú	lóng
类	雷	冷	李	力	理	林	临	令	另	六	流	龙

lái xìn	làng fèi	láo dòng lì	lǎo po	lèi xíng	lǐ xiǎng	lián xù	liàn xí	liáng shi
来信	浪费	劳动力	老婆	类型	理想	连续	练习	粮食

liǎng biān	liǎo jiě	líng hún	lù dì	lèi xíng	luó jí
两边	了解	灵魂	陆地	类型	逻辑

lèi sǐ lèi huó	lè bù sī shǔ	láng bèi wéi jiān	lǎo shēng cháng tán
累死累活	乐不思蜀	狼狈为奸	老生常谈

梁木匠，梁瓦匠，俩梁有事齐商量，
梁木匠天亮晾衣裳，梁瓦匠天亮量高粱。
梁木匠晾衣裳受了凉，梁瓦匠量高粱少了粮。

刘奶奶买了瓶牛奶，
牛奶奶买了斤牛肉，
刘奶奶拿错了牛奶奶的牛肉，

牛奶奶拿错了刘奶奶的牛奶，
到底是牛奶奶拿错了刘奶奶的牛肉，还是牛奶奶错拿了刘奶奶的牛奶。

辨析

舌尖中音 d、t、n、l 对比辨析训练

这四个音都是由舌尖抵住上齿龈，气流在这一部位受到阻碍后发出的音。

d 发音时，舌头放松，舌尖抬起来，轻轻抵住上齿龈，较弱的气流冲破舌尖的阻碍，迸裂而出，爆发成声。t 发音的状况与 d 相近，只是发 t 时气流较强。

n 发声时软腭是下降的，鼻腔通道是打开的，当除阻发出 n 的一瞬间，大部分气流是从鼻腔出来的，带有明显的鼻音色彩。l 发声时舌尖抵住上齿龈，软腭上升，堵塞鼻腔通路，试着把嘴咧开一些，使气流从嘴的两边冲出。

兔子和水塔，爬梯上瓜架。
瓜架特别大，地瓜堆成塔。
老唐端蛋汤，踏凳登宝塔。
只因凳太滑，汤洒汤烫塔。

河边有棵柳，柳下一头牛，
牛要去顶柳，柳枝缠住牛。

念一念，练一练，n l 发音要分辨，
n 是鼻音舌靠前，l 是边音气两边。
你来练，我来念，攻难关，齐努力。

（三）舌尖前音：z c s

z 发音要点：
发音时舌尖轻轻抵住上齿背产生阻塞，软腭上升，关闭鼻腔通道，声带不振动，气流从窄缝中挤出，摩擦成声。

发音例词：

祖宗 zǔ zong　　总则 zǒng zé　　藏族 zàng zú　　曾祖 zēng zǔ
造作 zào zuò　　罪责 zuì zé　　自尊 zì zūn　　枣子 zǎo zi

字、词、绕口令训练：

zài	zǎi	zǎi	zàn	zán	zàng	zāng	zǎo	zào	zé	zé	zēng	zì	zǐ
在	载	仔	赞	咱	藏	脏	早	造	则	泽	曾	字	子

zì	zǒng	zōng	zǔ	zuàn	zuì	zuò	zuǒ
自	总	宗	组	钻	最	坐	左

zánmen　zàn shí　zǎochen　zé rèn　zěnme　zēng qiáng　zī tài　zī gé　zǒng jiān
咱们　　暂时　　早晨　　责任　　怎么　　增强　　姿态　　资格　　总监

zōng jiào　zūn zhòng　zuò fàn　zuò pǐn
宗教　　　尊重　　　做饭　　作品

zé rèn rú shān　　zuǒ yòu wéi nán　　zuò wú xū xí　　zuò shān guān hǔ dòu
责任如山　　　　左右为难　　　　座无虚席　　　坐山观虎斗

早招租，晚招租，总找周邹郑曾朱。

早晨早早起，早起做早操，
人人做早操，做操身体好。

C 发音要点：
发音时舌尖轻轻抵住上齿背，软腭上升，关闭鼻腔通道，声带不振动，气流较强，冲开一条窄缝，再从窄缝中挤出，摩擦成声。

发音例词：

层次 céng cì　　　苍翠 cāng cuì　　　催促 cuī cù　　　草丛 cǎo cóng

粗糙 cū cāo　　　参差 cēn cī　　　猜测 cāi cè　　　措辞 cuò cí

字、词、绕口令训练：

cā	cái	cāi	cǎi	cán	cān	cāng	cáng	cāo	cǎo	cún	cuò	cè	céng
擦	才	猜	踩	残	餐	苍	藏	操	草	存	错	册	曾

céng	cí	cì	cǐ	cí	cóng	còu	cū	cuàn	cuī
层	词	次	此	辞	从	凑	粗	窜	催

cái néng　cái liào　cái zhèng　cǎi yòng　cān guān　cāo zuò　cǎo yuán　cè liáng
才能　　材料　　财政　　　采用　　参观　　操作　　草原　　测量

cǐ wài　cì jī　cōng míng　cóng shì　cù jìn　cún zài
此外　刺激　聪明　　从事　　促进　存在

cóng jīn yǐ hòu　cuò zōng fù zá　cōng míng jué dǐng　céng chū bù qióng
从今以后　　　错综复杂　　　聪明绝顶　　　　层出不穷

蚕常叶里藏，
叶里蚕常藏。
叶里藏蚕蚕常藏，
藏蚕常常叶里藏。

S 发音要点：

发音时舌尖接近上齿背，形成一条窄缝，软腭上升，关闭鼻腔通道，声带不振动，气流从窄缝中挤出，摩擦成声。

发音例词：

色素 sè sù　　　琐碎 suǒ suì　　　思索 sī suǒ　　　诉讼 sù sòng

松散 sōng sǎn　　四岁 sì suì　　　速算 sù suàn　　瑟缩 sè suō

字、词、绕口令训练：

sǎ sài sān sàn sè sì sǐ sī sì sòng sōng sū sù suàn
撒 赛 三 散 色 四 死 思 似 送 松 苏 素 算

suān suí suī sūn sǔn suǒ suō sāng
酸 随 虽 孙 损 所 缩 桑

sàng shī sè cǎi sēn lín sī rén sī kǎo sī suǒ sǐ wáng sì zhōu sì hū
丧 失 色 彩 森 林 私 人 思 考 思 索 死 亡 四 周 似 乎

sī liáo sù zhì sù dù sù liào sǔn hài
私 聊 素 质 速 度 塑 料 损 害

sǔn bīng zhé jiàng suō tóu wū guī sōng bǎi cháng qīng sān sī ér hòu xíng
损 兵 折 将 缩 头 乌 龟 松 柏 长 青 三 思 而 后 行

三山依四水，四水绕三山；

三山四水春常在，四水三山四时春。

辨析

舌尖前音（平舌音）z、c、s 对比辨析训练

三个声母都是舌尖平伸抵住或接近上齿背，气流在这一部位受到阻碍后发出的音。

在发 z、c 时，舌尖抵住上门齿背，气流在这里受阻，摩擦成声。只是发 c 的气流比发 z 时要强许多。发 s 时，舌尖接近上门齿背，形成一个窄缝，气流从窄缝中泄出，摩擦成声。

四十四个字和词，组成了一首子词丝的绕口词。

桃子李子梨子栗子橘子柿子棒子，栽满院子村子和寨子。

这是蚕，那是蝉，

蚕常在叶里藏，蝉常在林里唱。

四是四，十是十，
十四是十四，四十是四十。
十不能说成四，四不能说成十，
假使说错了，就可能要误事。

（五）舌尖后音：zh　ch　sh　r

zh 发音要点：

发音时舌尖上翘，抵住硬腭前部，软腭上升，关闭鼻腔通道，声带不振动，气流较弱，首先将阻碍冲开一条窄缝，然后经窄缝摩擦成声。

发音例词：

正直 zhèng zhí　　茁壮 zhuó zhuàng　　政治 zhèng zhì

招展 zhāo zhǎn　　主张 zhǔ zhāng　　住宅 zhù zhái

辗转 zhǎn zhuǎn　　庄重 zhuāng zhòng

字、词、绕口令训练：

zhàn	zhǎng	zhāng	zhàng	zhe	zhǎo	zhào	zhě	zhè	zhēn	zhēn	zhèn
站	长	张	帐	着	找	照	者	这	真	针	阵

zhèng	zhēng	zhěng	zhī	zhì	zhōng	zhòng	zhōu	zhòu	zhù	zhǔ	zhuī
正	蒸	整	之	至	中	重	周	皱	住	主	追

zhǎn shì　　zhǎng wò　　zhàng fu　　zhāng kāi　　zhào gù　　zhé xué　　zhēn lǐ　　zhēn zhèng
展示　　　掌握　　　丈夫　　　张开　　　照顾　　　哲学　　　真理　　　真正

zhēng qǔ　　zhěng dùn　　zhèng cè　　zhí xíng　　zhì dìng　　zhí mín dì
争取　　　整顿　　　政策　　　执行　　　制定　　　殖民地

zhàng shì qī rén　　zhāng chí yǒu dù　　zhēn jiǎ nán biàn　　zhēng zhēng rì shàng
仗势欺人　　　张弛有度　　　真假难辨　　　蒸蒸日上

知道不知道，认识从实践始，实践出真知。
知道就是知道，不知道就是不知道。
不要知道说不知道，也不要不知道说知道。
老老实实，实事求是，一定要做到不折不扣的真知道。

ch 发音要点：

发音时舌尖上翘，抵住硬腭前部，软腭上升，关闭鼻腔通道，声带不振动，气流较强，首先将阻碍冲开一条窄缝，然后经窄缝摩擦成声。

发音例词：

车床 chē chuáng　　长城 cháng chéng　　出产 chū chǎn

出差 chū chāi   充斥 chōng chì   超产 chāo chǎn

字、词、绕口令训练：

chà	chá	cháng	chǎng	chàng	chāo	chǎo	chāo	chē	chén	chéng	chī
差	查	长	场	唱	超	吵	抄	车	陈	成	吃

chǐ	chóng	chōng	chū	chuán	chuān	chuī	chūn
尺	重	冲	出	传	川	吹	春

chābié　chǎnshēng　chǎngsuǒ　chāoguò　chéngguǒ　chéngxiàn　chōngmǎn
差别　　产生　　　场所　　　超过　　成果　　呈现　　充满

chóngfù　chūbù　chúle　chǔlǐ　chūntiān
重复　　初步　除了　处理　春天

chūnnuǎnhuākāi　chíyíbùjué　chènxīnrúyì
春暖花开　　　　迟疑不决　　称心如意

朱家一株竹，竹笋初长出。朱叔处处锄，锄出笋来煮。
锄完不再出，朱叔没笋煮，竹株又干枯。

sh 发音要点：

发音时舌尖上翘，接近硬腭前部，形成窄缝，软腭上升，关闭鼻腔通道，声带不振动，气流从窄缝中挤出，摩擦成声。

发音例词：

身世 shēn shì　　　山水 shān shuǐ　　　生疏 shēng shū
上升 shàng shēng　　事实 shì shí　　　　施舍 shī shě
舒适 shū shì　　　　述说 shù shuō

字、词、绕口令训练：

shá	shǎ	shā	shān	shǎn	shàn	shàng	shāng	shàng	shǎo	shé	shè
啥	傻	沙	山	闪	善	上	伤	尚	少	舌	设

shēn	shén	shēng	shěng	shēng	shì	shí	shì	shǒu	shù
深	什	声	省	生	是	时	式	手	数

shānqū　shǎoliàng　shēnfèn　shēndù　shēnzi　shíyóu　shìwù　shíwù　shǐyòng
山区　　少量　　　身份　　深度　　身子　　石油　　事务　　食物　　使用

shùxué　shuōmíng　shīwàng
数学　　说明　　　失望

shí shí wù zhě wéi jùn jié　shēn rù qiǎn chū
识时务者为俊杰　　　　　　深入浅出

四和十，十和四，四十和四十，十四和十四。
说好四个数字，全靠舌头和牙齿。
谁说四十是"细席"，他的舌头没用力；
谁说十四是"实世"，他的舌头没伸直。

认真学，常练习，
十、四、十四、四十、四十四。

发音要点：
发音时舌尖上翘，接近硬腭前部，形成窄缝，软腭上升，关闭鼻腔通道，声带振动，气流从窄缝中挤出，摩擦成声。

发音例词：
仍然 réng rán　　忍让 rěn ràng　　容忍 róng rěn　　如若 rú ruò

字、词、绕口令训练：

rán　ràng　rào　rè　rén　réng　rì　ròu　rú　rù　ruò　ruò
然　让　绕　热　人　仍　日　肉　如　入　弱　若

rán ér　ràng bù　rào dào　rè dù　rěn xīn　rèn kě　rì guāng　róu měi　ruǎn jiàn
然而　让步　绕道　热度　忍心　认可　日光　柔美　软件

ruò wú qí shì　rén zhě ài rén　rú huǒ rú tú
若无其事　仁者爱人　如火如荼

夏日无日日亦热，冬日有日日亦寒，
春日日出天渐暖，晒衣晒被晒被单，
秋日天高复云淡，遥看红日迫西山。

辨析

舌尖后音（翘舌音）zh、ch、sh、r 对比辨析训练

这4个都是利用舌尖抵住或接近硬腭前部，使气流受阻所发出的辅音。

zh发音时，舌尖上翘，抵住硬腭前部，气流把舌尖的阻碍冲开摩擦成声。ch发音和zh相比，只是气流较强，其余都相同。

sh发音时，舌尖上翘，接近硬腭前部，形成窄缝，气流从舌尖和硬腭前部形成的窄缝中挤出，摩擦成声。r发音和sh相近，只是摩擦比sh弱，同时声带颤动，气流带音。

史老师，讲时事，
常学时事长知识。
时事学习看报纸，
报纸登的是时事，
心里装着天下事。

山羊上山，山碰山羊角，
水牛下水，水没水牛腰。

天上有个日头，地下有个石头，
嘴里有个舌头，手上五根指头。

大柴和小柴，帮蔡爷爷晒柴菜，
大柴晒柴，小柴晒菜，
晒干了蔡爷爷的柴和菜，
大伙都夸大柴和小柴。

二、韵母

韵母是声母后面的部分，是字音圆润响亮的关键。韵母由韵头（介音，读的时候轻而短）、韵腹（主要元音，读时最响亮、拉开立起）、韵尾（读时注意归音到位）三部分组成；每个韵母一定有韵腹，韵头和韵尾则可有可无。由单元音充当的音节中，这个元音就是韵腹。由两个或三个元音充当韵母时，韵腹是其中口腔开度最大、声音最响亮的那个元音。韵腹前面的元音是韵头，后面的元音或辅音是韵尾。

韵母按结构可分为单韵母、复韵母、鼻韵母。

单韵母

舌面单韵母：a、o、e、ê、i、u、ü

特殊单韵母：-i（舌尖前元音韵母）、-i（舌尖后元音韵母）、er（卷舌韵母）

复韵母

由两个或三个元音结合而成的韵母叫复韵母。

二合前响复韵母：ai、ei、ao、ou

二合后响复韵母：ia、ie、ua、uo、üe

三合中响复韵母：iao、iou、uai、uei

鼻韵母

由一个或两个元音后面带上鼻辅音构成的韵母叫鼻韵母。

前鼻韵母：an、ian、uan、üan、en、in、uen、ün

后鼻韵母：ang、iang、uang、eng、ing、ueng、ong、iong

（一）单韵母

a 发音要点：

在发 a 时，口大开，舌尖微离下齿背，在口腔中处于一个不前不后适中的位置，舌面中部微微隆起，舌面处于一个较低的位置。双唇不圆。发音时，声音振动。软腭上升，关闭鼻腔通路。

发音例词：

马达 mǎ dá　　沙发 shā fā　　大妈 dà mā　　发达 fā dá

字、词、绕口令训练：

阿 ā　打 dǎ　发 fā　傻 shǎ　牙 yá　爸 bà　妈 mā　怕 pà　马 mǎ　他 tā

把握 bǎ wò　把儿 bà er　差别 chā bié　大队 dà duì　那些 nà xiē　哪里 nǎ lǐ　沙漠 shā mò

马到成功 mǎ dào chéng gōng　　大有作为 dà yǒu zuò wéi　　家和万事兴 jiā hé wàn shì xīng

张大妈、夏大妈，你看咱社的好庄稼。

高的是玉米，矮的是芝麻，黄紫色的是棉花，圆溜溜的是西瓜。

一边看花一边夸，两位大妈笑哈哈。

o 发音要点：

发音时，开口度中等，圆唇，舌头后缩，舌面后部略隆起，舌尖置于下齿龈后，声带振动。软腭上升，关闭鼻腔通路。

发音例词：

伯伯 bó bo　　婆婆 pó po　　默默 mò mò

泼墨 pō mò　　薄膜 bó mó　　馍馍 mó mo

字、词、绕口令训练：

破 pò　摸 mō　播 bō　我 wǒ　佛 fó　伯 bó　喔 wō　卧 wò

波动 bō dòng　玻璃 bō li　握手 wò shǒu　卧室 wò shì　我们 wǒ men　佛教 fó jiào　破坏 pò huài

卧薪尝胆 wò xīn cháng dǎn　　博学多识 bó xué duō shí　　迫在眉睫 pò zài méi jié

我是我，鹅是鹅，我不是鹅，鹅不是我。

鹅肚饿，我喂鹅，我爱鹅，鹅亲我。

e 发音要点：

发音时，口半开，扁唇，舌头后缩，舌面后部略隆起，舌面中部稍凹，舌尖置于下齿龈后，嘴角向两边微展，声带振动。软腭上升，关闭鼻腔通路。

发音例词：

隔阂 gé hé　　　合格 hé gé　　　客车 kè chē
特色 tè sè　　　折射 zhé shè　　　这个 zhè ge

字、词、绕口令训练：

个 gè　歌 gē　各 gè　特 tè　呢 ne　和 hé　喝 hē　者 zhě　这 zhè　合 hé　折 zhé　得 dé

测定 cè dìng　测量 cè liáng　车间 chē jiān　得到 dé dào　歌曲 gē qǔ　客观 kè guān　热带 rè dài　哲学 zhé xué

各奔东西 gè bèn dōng xī　车水马龙 chē shuǐ mǎ lóng　得道成仙 dé dào chéng xiān

哥哥弟弟坡前坐，坡上坐着一只鹅。
坡下流着一条河，哥哥说："宽宽的河。"
弟弟说："肥肥的鹅。"
鹅要过河，河要渡鹅。
不知是鹅要过河，还是河要渡鹅。

ê 发音要点：

发音时，口自然打开，扁唇，舌头前伸，舌面前部略隆起，舌尖抵住下齿背，嘴角向两边微展，声带振动。软腭上升，关闭鼻腔通路。

在普通话中，ê 只在语气词"欸"中单用。ê 不与任何辅音声母相拼，只构成复韵母 ie、üe，并在书写时省去上面的附加符号"ˆ"。

发音例词：

告别 gào bié　　　感谢 gǎn xiè　　　夜晚 yè wǎn
消灭 xiāo miè　　　坚决 jiān jué　　　省略 shěng lüè

i 发音要点：

发音时，口微开，扁唇，上下齿相对，舌头前伸，舌面前部略隆起，舌尖抵住下齿背，嘴角向两边微展，声带振动。软腭上升，关闭鼻腔通路。

发音例词：

笔记 bǐ jì　　　激励 jī lì　　　基地 jī dì

记忆 jì yì　　霹雳 pī lì　　习题 xí tí

字、词、绕口令训练：

　　bǐ　dī　dí　dǐ　dì　jī　mǐ　lǐ　xī
　　比　低　敌　底　第　机　米　礼　西

　　bí zi　　彼此 bǐ cǐ　　毕竟 bì jìng　　的确 dí què　　离开 lí kāi　　皮肤 pí fū
　　鼻子　　彼此　　　　毕竟　　　　　的确　　　　离开　　　　皮肤

　　一箭双雕 yí jiàn shuāng diāo　　七上八下 qī shàng bā xià　　疑神疑鬼 yí shén yí guǐ
　　一箭双雕　　　　　　　　　　七上八下　　　　　　　　疑神疑鬼

人心齐，泰山移。
男女老少齐出力，
要与老天比高低。
挖了干渠几十里，
保浇了万亩良田地。

U 发音要点：

　　发音时，口微开，圆唇，舌头后缩，舌面后部高度隆起和软腭相对，舌尖置于下齿龈后，声带振动。软腭上升，关闭鼻腔通路。

发音例词：

补助 bǔ zhù　　读物 dú wù　　辜负 gū fù
瀑布 pù bù　　入伍 rù wǔ　　疏忽 shū hu

字、词、绕口令训练：

　　bǔ　bù　chū　cū　hú　hǔ　kū　tú
　　补　不　初　粗　湖　虎　哭　图

　　bú yòng　　bù zhì　　bù zhī　　chú le　　hū shì　　hù xiāng　　mù biāo
　　不用　　　布置　　　不知　　　除了　　　忽视　　　互相　　　目标

　　bù zhé bú kòu　　hú jiǎ hǔ wēi　　mù bù zhuǎn jīng
　　不折不扣　　　　狐假虎威　　　　目不转睛

爷爷领着孙子黑虎，到猪圈里数黑猪。
黑猪圈在猪圈里，各个猪圈都有猪。
小黑虎不马虎，挨着个儿地把猪数。
黑猪围着小黑虎，转来转去乱乎乎。

Ü 发音要点：

　　发音时，口微开，圆唇（近椭圆）略向前突，舌头前伸，舌面前部略隆起，舌尖抵住下齿背，声带振动。软腭上升，关闭鼻腔通路。

ü自成音节时（零声母）写作 yu，与 j、q、x 相拼时，省略两点。

发音例词：

聚居 jù jū　　区域 qū yù　　屈居 qū jū　　序曲 xù qǔ

字、词、绕口令训练：

　jù　　jū　　jù　　lǜ　　qù　　yǔ　　nǚ
　句　　居　　具　　绿　　去　　与　　女

　nǚ hái r　　qǔ xiāo　　jù dà　　jù tǐ　　xū qiú
　女孩儿　　取消　　巨大　　具体　　需求

　yǔ zhòng bù tóng　　yú mù hùn zhū　　yú lóng hùn zá
　与众不同　　鱼目混珠　　鱼龙混杂

吕小绿家养了红鲤鱼绿鲤鱼与驴，

李小莉家养了红驴绿驴与鲤鱼。

吕小绿说他家的绿鲤鱼比李小莉家绿驴绿，

李小莉说她家的绿驴比吕小绿家的绿鲤鱼绿。

绿鲤鱼比绿驴，绿驴比绿鲤鱼，

不知是绿鲤鱼比绿驴绿，

还是绿驴比绿鲤鱼绿。

特殊单韵母

－i（前）（为什么叫前？因为它只与舌尖前音搭配，指的就是舌头平伸放前）

发音要点：

发音时，口微开，扁唇，嘴角向两边展开，舌头平伸，舌尖靠近上齿背，声带振动。软腭上升，关闭鼻腔通路。

它只出现在 z、c、s 之后，与 z、c、s 整体认读。

整体认读时 z、c、s 的发音拉长，拉长的部分即－i（前）的读音。

发音例词：

私自 sī zì　　此次 cǐ cì　　次子 cì zǐ

字词 zì cí　　自私 zì sī　　孜孜 zī zī

－i（后）（为什么叫后？因为它只与舌尖后音搭配，指的就是舌尖上翘放后面）

发音要点：

发音时，口微开，扁唇，嘴角向两边展开，舌尖上翘，靠近硬腭前部，声带振动。软腭上升,关闭鼻腔通路。

它只出现在 zh、ch、sh、r 之后,与 zh、ch、sh、r 整体认读。

zh、ch、sh、r 的发音拉长,拉长的部分即 -i（后）的读音。

发音例词：

实施 shíshī　　支持 zhīchí　　知识 zhīshi　　制止 zhìzhǐ　　值日 zhírì

er 发音要点：

它是在［ə］的基础上加上卷舌动作而成的。发音时,口腔自然打开（是 ɑ 的开口度的一半）,扁唇,舌头居中央,舌尖向硬腭中部上卷（但不接触）,声带振动。软腭上升,关闭鼻腔通路。

发音例词：

而且 ér qiě　　儿歌 ér gē　　耳朵 ěr duo
二胡 èr hú　　二十 èr shí　　儿童 ér tóng

字、词、绕口令训练：

ér　ěr　èr
儿　耳　贰

ér zi　ěr bèi　ěr liào
儿子　耳背　饵料

èr gē　èr quányìngyuè　èr lóng xì zhū　ěr cōngmùmíng
二哥　二泉映月　二龙戏珠　耳聪目明

要说"尔",专说"尔",马尔代夫,卡塔尔。
尼泊尔,安道尔,厄瓜多尔,塞舌尔。

（二）复韵母

1. 二合前响复韵母

ai 发音要点：

发音时,从 ɑ 开始发,口大开,扁唇,舌面前部略隆起,舌尖抵住下齿背,声带振动,然后舌面向 i 的方向滑动升高。发 ai［ai］时,a［a］清晰响亮,后头元音 i［i］含混模糊但归音要到位。口形由开到微合。

发音例词：

爱戴 ài dài　　采摘 cǎi zhāi　　海带 hǎi dài
开采 kāi cǎi　　拍卖 pāi mài　　灾害 zāi hài

字、词、绕口令训练：

ài　bái　bǎi　bài　gāi　pāi　bǎi　nǎi　shài
爱　白　摆　拜　该　拍　百　奶　晒

海涵 害人 白色 拜访 排场 摆谱
hǎi hán　hài rén　bái sè　bài fǎng　pái chǎng　bǎi pǔ

海纳百川 排山倒海 拜师学艺
hǎi nà bǎi chuān　pái shān dǎo hǎi　bài shī xué yì

买白菜，搭海带，不买海带就别买大白菜。
买卖改，不搭卖，不买海带也买到大白菜。

ei 发音要点：

发音时，开头的元音 e 清晰响亮，舌尖抵住下齿背，使舌面前部隆起与硬腭中部相对。从 e 开始舌位升高，向 i 的方向滑动升高。实际发音舌位略靠后靠下。

发音例词：

肥美 féi měi　　妹妹 mèi mei　　配备 pèi bèi　　蓓蕾 bèi lěi

字、词、绕口令训练：

被 培 飞 费 贼 配 北 肥 废
bèi　péi　fēi　fèi　zéi　pèi　běi　féi　fèi

培养 消费 飞贼 配送 增肥
péi yǎng　xiāo fèi　fēi zéi　pèi sòng　zēng féi

飞檐走壁 肥而不腻 废寝忘食
fēi yán zǒu bì　féi ér bú nì　fèi qǐn wàng shí

大妹和小妹，一起去收麦。大妹割大麦，小妹割小麦。
大妹帮小妹挑小麦，小妹帮大妹挑大麦。
大妹小妹收完麦，噼噼啪啪齐打麦。

ao 发音要点：

发音时，发 a [a] 时，口大开，扁唇，舌头后缩，舌尖远离下齿，声带振动，清晰响亮，然后舌向后缩，舌面向 u（拼写作 o，实际发音接近 u）的方向滑动升高。舌位略低，口形逐渐缩成小圆形。

发音例词：

懊恼 ào nǎo　　操劳 cāo láo　　骚扰 sāo rǎo　　逃跑 táo pǎo　　早操 zǎo cāo

字、词、绕口令训练：

报 早 泡 羔 炮 包 宝 冒 闹
bào　zǎo　pào　gāo　pào　bāo　bǎo　mào　nào

报恩 气泡 大炮 耍宝 冒失 闹腾
bào ēn　qì pào　dà pào　shuǎ bǎo　mào shī　nào teng

知恩图报 火冒三丈 涌泉相报
zhī ēn tú bào　huǒ mào sān zhàng　yǒng quán xiāng bào

草帽隔着墙头草,
隔着墙头扔草帽。
不知这草帽套老头儿,
还是老头儿套草帽。

ou 发音要点:
发音时,起点元音 o 比单元音 o [o] 的舌位略高,发音时变成从 [ə] 开始,然后舌位向 u 的方向滑动升高,同时口形逐渐缩成小圆形。

发音例词:
丑陋 chǒu lòu　　兜售 dōu shòu　　口头 kǒu tóu
漏斗 lòu dǒu　　收购 shōu gòu　　喉头 hóu tóu

字、词、绕口令训练:

gòu　kǒu　kòu　hòu　hǒu　chōu　zhōu　shǒu
够　　口　　扣　　后　　吼　　抽　　周　　手

shù kǒu　kòu yā　huáng hòu　hǒu shēng　chōu diào　zhōu qī
漱口　　扣押　　皇后　　　吼声　　　抽调　　　周期

kǒu wú zhē lán　hòu jī bó fā　zhōu ér fù shǐ
口无遮拦　　　厚积薄发　　周而复始

有一天,来了牛老六,牵着六只猴;
来了侯老六,拉了六头牛;
来了仇老六,担了六篓油;
来了尤老六,背了六匹绸。
牛老六、侯老六、仇老六、尤老六,
住上刘老六住的六号楼。

2. 二合后响复韵母

ia 发音要点:
发音时,从前 i [i] 开始,舌位滑向 a [a] 结束。i [i] 的发音较短,a [a] 的发音响亮且时间较长。发音过程是口逐渐张开的过程。

发音例词:
假牙 jiǎ yá　　恰恰 qià qià　　压价 yā jià　　下家 xià jiā

字、词、绕口令训练:

jiǎ　jiā　jiǎ　xià　xiā　xiá　qià　qiǎ
甲　　加　　假　　夏　　瞎　　虾　　侠　　恰　　卡

  yā jīng yǎ xìng xiá guāng xià rì jiǎ yú
  压惊 雅兴 霞光 夏日 甲鱼

  xià lǐ bā rén xiā bīng xiè jiàng qī shàng bā xià
  下里巴人 虾兵蟹将 七 上 八 下

  天上飘着一片霞，
  水上飘着一群鸭。
  霞是五彩霞，
  鸭是麻花鸭。
  麻花鸭游进五彩霞，
  五彩霞挽住麻花鸭。
  乐坏了鸭，拍碎了霞，
  分不清是鸭还是霞。

ie 发音要点：
发音时，从前高元音 i [i] 开始，舌位滑向前半低元音 ê [ɛ] 结束。i [i] 发音较短，ê [ɛ] 发音响亮而且时间较长。嘴逐渐张开。

发音例词：
  结业 jié yè 贴切 tiē qiè 铁屑 tiě xiè 谢谢 xiè xie

字、词、绕口令训练：
  bié qiē jié miè qiě diē xiě niē piě jiē liè niè
  别 切 节 灭 且 爹 写 捏 撇 接 列 涅

  bié rén qiē cài jié rì xiāo miè ér qiě diē die xiě zuò
  别人 切菜 节日 消灭 而且 爹爹 写作

  niē ní rénr bié chū xīn cái qiè qiè sī yǔ xié bú shèng zhèng
  捏泥人儿 别出心裁 窃窃私语 邪不胜正

  姐姐借刀切茄子，去把儿去叶儿斜切丝，
  切好茄子烧茄子，炒茄子、蒸茄子，
  还有一碗焖茄子。

ua 发音要点：
发音时，从后高圆唇元音 u [u] 开始，舌位滑向央低元音 a [a] 结束。唇形由最圆逐步展开到不圆。u [u] 发音较短，a [a] 的发音响亮且时间较长。

发音例词：
  挂花 guà huā 耍滑 shuǎ huá 娃娃 wá wa 画画 huà huà

字、词、绕口令训练：

wā	guā	guà	huā	huà	huá	wǎ	shuǎ	zhuā	kuā	huà	zhuǎ
挖	瓜	挂	花	化	华	瓦	耍	抓	夸	画	爪

wā kǔ	wà tào	wā yǒng	wā dì	huá lì	shuǎ hóu	zhuā kuáng	kuā jiǎng
挖苦	袜套	蛙泳	洼地	华丽	耍猴	抓狂	夸奖

kuā kuā qí tán　　wā dì sān chǐ　　guǎ bù dí zhòng
夸夸其谈　　挖地三尺　　寡不敌众

王婆卖瓜又卖花，

一边卖来一边夸，

又夸瓜，又夸花，夸瓜大，大夸花，

夸来夸去没人理她。

uo 发音要点：

发音时，从后高元音 u [u] 开始，舌位向下滑到后半高元音 o [o] 结束。发音过程中，唇形保持圆唇，开头最圆，结尾圆唇度略减，唇形由小到略开。u [u] 发音较短，o [o] 的发音响亮且时间较长。

发音例词：

错落 cuò luò　　硕果 shuò guǒ　　脱落 tuō luò　　骆驼 luò tuo

字、词、绕口令训练：

guò	guǒ	guó	guō	huó	huǒ	luó	duō	duó	zuò	zhuō	suǒ	cuò
过	果	国	锅	活	火	罗	多	夺	坐	桌	所	错

shuǐ guǒ	guó jiā	huǒ guō	huó dòng	tuō shuǐ	duō shǎo	suǒ yǒu	suǒ zhǎng
水果	国家	火锅	活动	脱水	多少	所有	所长

guó fù mín qiáng　　zuò lì bù ān　　suō tóu wū guī
国富民强　　坐立不安　　缩头乌龟

大哥有大锅，二哥有二锅。

大哥要换二哥的二锅，

二哥不换大哥的大锅。

üe 发音要点：

发音时，从圆唇的前高元音 ü [y] 开始，舌位下滑到前半低元音 ê [ɛ]，唇形由圆到不圆，嘴逐渐张开。ü [y] 的发音时间较短，ê [ɛ] 的发音响亮且时间较长。

与声母 j、q、x 相拼时省去两点；当自成音节即零声母时，写作 yue，与 n、l 相拼时保留两点。

发音例词：

雀跃 què yuè　　约略 yuē lüè　　雪月 xuě yuè

字、词、绕口令训练：

juè	lüè	què	xué	xuě	yuè	yuē	xuè	jué	yuè	quē
倔	略	却	学	雪	月	约	血	觉	乐	缺

dí què	jué sè	quē diǎn	yuē shù	yuè fèn	yuè bǐng	yuè dú	xué huì	má què
的确	角色	缺点	约束	月份	月饼	阅读	学会	麻雀

xuě dì	yuè guò	xué kē
雪地	越过	学科

yuè rén wú shù	xué wú zhǐ jìng	quē yī bù kě	lüè shèng yī chóu
阅人无数	学无止境	缺一不可	略胜一筹

真绝，真绝，真叫绝，皓月当空下大雪，

麻雀游泳不飞跃，鹊巢鸠占鹊喜悦。

一群灰喜鹊，一群黑喜鹊。

灰喜鹊飞进黑喜鹊群，

黑喜鹊群里有灰喜鹊。

黑喜鹊飞进灰喜鹊群，

灰喜鹊群里有黑喜鹊。

3. 三合中响复韵母

iao 发音要点：

发音时，由前高不圆唇元音 i [i] 开始，舌位降至后低元音 a [a]，唇形从中间的元音 a [a] 开始由不圆唇变为圆唇，向 [u] 的方向滑升。唇形由展到开再变成圆唇，a [a] 发声最响亮。

发音例词：

吊销 diào xiāo　　疗效 liáo xiào　　巧妙 qiǎo miào

调料 tiáo liào　　逍遥 xiāo yáo　　苗条 miáo tiao

字、词、绕口令训练：

biǎo	biāo	diào	diāo	jiào	jiāo	jiǎo	jiào	liáo	liào	miáo	niǎo	niào
表	标	调	叼	叫	交	脚	觉	聊	料	苗	鸟	尿

qiǎo	tiào	xiào	xiǎo
巧	跳	笑	晓

biāo zhì	biǎo yǎn	diào chá	jiāo wǎng	jiāo xué	jiǎo dù	piào liang	qiāo qiāo
标志	表演	调查	交往	教学	角度	漂亮	悄悄

tiáo jiàn
条件

qiǎo wú shēng xī　　qiǎo duó tiān gōng　　biǎo lǐ rú yī　　xiào kǒu cháng kāi
悄无声息　　巧夺天工　　表里如一　　笑口常开

水上漂着一只表，
表上落着一只鸟。
鸟看表，表瞪鸟，
鸟不认识表，
表也不认识鸟。

iou 发音要点：

发音时，由前高不圆唇元音 i [i] 开始，舌位后移且降至后半高元音 [ə]，然后再向后高圆唇元音 u [u] 的方向滑升。发音过程中，舌位先降后升，由前到后，变化幅度大。唇形由不圆唇开始到 [ə] 时，逐渐圆唇。它在前面加声母时，汉语拼音写作 iu，省去了中间的 o，但读时，不能丢掉中间的 [ə] 音。

发音例词：

久留 jiǔ liú　　求救 qiú jiù　　绣球 xiù qiú

优秀 yōu xiù　　悠久 yōu jiǔ　　牛油 niú yóu

字、词、绕口令训练：

yōu　qiú　niú　yóu　jiǔ　jiù　yǒu　jiù　yǒu　jiǔ　liú　jiǔ　liù　liú　qiú
优　求　牛　油　酒　就　有　旧　友　久　留　九　六　琉　球

liú xiù　　yǒu jiù　　jiǔ liú　　yōu yóu　　jiù yǒu
刘秀　有救　九流　悠游　旧友

yóu yù bù jué　　liú lián wàng fǎn　　jiǔ xiāo yún wài
犹豫不决　　流连忘返　　九霄云外

一葫芦酒，九两六。一葫芦油，六两九。
六两九的油，要换九两六的酒，
九两六的酒，不换六两九的油。

uai 发音要点：

发音时，由圆唇的后高元音 u [u] 开始，舌位向前滑降到前低不圆唇元音 a [a]，然后再向前高不圆唇元音 i [i] 的方向滑升。舌位动程先降后升，由后到前。唇形从最圆开始，逐渐减弱圆唇度，至发前元音 a [a] 开始渐变为扁平唇。

发音例词：

外快 wài kuài　　怀揣 huái chuāi　　乖乖 guāi guai　　摔坏 shuāi huài

字、词、绕口令训练：

<small>wāi　wài　guāi　guǎi　guài　kuài　huái　huài　shuǎi</small>
歪　外　乖　拐　怪　筷　怀　坏　甩

<small>chuài huài　kuài shuǎi　wài cǎi　huài guǎi</small>
踹坏　快甩　外踩　坏拐

<small>wāi dǎ zhèng zháo　huái hèn zài xīn　kuài rú shǎn diàn　kuài mǎ yì biān</small>
歪打正着　怀恨在心　快如闪电　快马一鞭

槐树槐，槐树槐，槐树底下搭戏台，

人家的姑娘都来了，我家的姑娘还不来。

说着说着就来了，骑着驴，打着伞，歪着脑袋上戏台。

uei 发音要点：

发音时，由后高圆唇元音 u [u] 开始，舌位向前向下滑到前半高不圆唇元音 [ə] 的位置，然后再向前高不圆唇元音 i [i] 的方向滑升。发音过程中，舌位先降后升，由后到前。唇形从最圆开始，随着舌位的前移略开，渐变为扁平唇。uei 前面加声母时，汉语拼音写作 ui，省掉了 e，但读音不能丢掉中间的 [ə]。

发音例词：

垂危 chuí wēi　　归队 guī duì　　悔罪 huǐ zuì

追悔 zhuī huǐ　　荟萃 huì cuì　　推诿 tuī wěi

字、词、绕口令训练：

<small>wéi　wěi　wèi　duī　duì　tuī　tuǐ　tuì　guī　guǐ　guì　kuī</small>
围　伟　未　堆　对　推　腿　退　归　鬼　贵　亏

<small>huī huī　huí guī　huí wèi　huì duì</small>
恢恢　回归　回味　汇兑

<small>huì shēng huì sè　tuì bì sān shè　guǐ kū láng háo</small>
绘声绘色　退避三舍　鬼哭狼嚎

威威、伟伟和卫卫，拿着水杯去接水。

威威让伟伟，伟伟让卫卫，卫卫让威威，没人先接水。

一二三，排好队，一个一个来接水。

（三）鼻韵母

1. 前鼻韵母

an 发音要点：

发音时，起点元音是前低不圆唇元音 a [a]，舌尖抵住下齿背，舌位降到最低，软腭上升，关闭鼻腔通路，发出 a 后舌尖向上齿龈滑动，舌前部与上齿龈闭合，封闭口腔通路，同时软腭下降，打开鼻腔通路，口形由开到合，舌位移动较大。

发音例词：

参战 cān zhàn　　反感 fǎn gǎn　　烂漫 làn màn

谈判 tán pàn　　坦然 tǎn rán　　赞叹 zàn tàn

字、词、绕口令训练：

bān　bàn　bǎn　dàn　dān　dàn　fàn　fǎn　gàn　hàn
班　办　版　但　丹　蛋　饭　反　干　汉

bàn fǎ　cān guān　chǎn shēng　fán shì　fàn zuì　gān zào　hán liàng　fàn qián
办法　参观　产生　凡是　犯罪　干燥　含量　饭钱

mǎn zú　yǎn guāng　yán sè　dàn bái zhì
满足　眼光　颜色　蛋白质

bān mén nòng fǔ　yǎn jiàn wéi shí　cān tiān dà shù　hán shā shè yǐng
班门弄斧　眼见为实　参天大树　含沙射影

扁担长，板凳宽。

扁担没有板凳宽，

板凳没有扁担长，

扁担绑在板凳上。

板凳不让扁担绑在板凳上，

扁担偏要扁担绑在板凳上。

en 发音要点：

发音时，起点元音是央元音 e [ə]，舌位中性（不高不低不前不后），发出 [ə] 后舌尖向上齿龈滑动，舌前部与上齿龈闭合，封闭口腔通路，同时软腭下降，打开鼻腔通路。口形由开到闭，舌位移动较小。

发音例词：

根本 gēn běn　　门诊 mén zhěn　　人参 rén shēn

认真 rèn zhēn　　深沉 shēn chén　　振奋 zhèn fèn

字、词、绕口令训练：

bēn　běn　bèn　chén　chén　fěn　fèn　hěn　hèn　mén　mèn　nèn　zhēn
奔　本　笨　陈　晨　粉　奋　很　恨　门　闷　嫩　真

běn fèn　fěn chén　chén mèn　gǎn ēn　ēn rén　rèn shi　sēn lín　shēn kè　shén me
本分　粉尘　沉闷　感恩　恩人　认识　森林　深刻　什么

fèn fā tú qiáng　shēn rù hǔ xué　ēn jiāng chóu bào　fěn mò dēng chǎng
奋发图强　深入虎穴　恩将仇报　粉墨登场

小陈去卖针，小沈去卖盆。

俩人挑着担，一起出了门。
小陈喊卖针，小沈喊卖盆。
也不知是谁卖针，也不知是谁卖盆。

in 发音要点：

发音时，起点元音是前高不圆唇元音 i [i]，舌尖抵住下齿背，软腭上升，关闭鼻腔通路。从舌位最高的前元音 i [i] 开始，舌面升高，舌面前部抵住硬腭前部，当两者将要接触时，软腭下降，打开鼻腔通路，紧接着舌面前部与硬腭前部闭合，使在口腔受到阻碍的气流从鼻腔透出。开口度几乎没有变化，舌位动程很小。

发音例词：

近邻 jìn lín　　　拼音 pīn yīn　　　信心 xìn xīn
辛勤 xīn qín　　　引进 yǐn jìn　　　濒临 bīn lín

字、词、绕口令训练：

bīn　jìn　jìn　jīn　jìn　lín　mín　mǐn　pīn　yīn　yīn　yín　pǐn　pìn　xīn
宾　进　近　金　劲　林　民　敏　拼　阴　因　银　品　聘　心

xīn　nín　qīn
新　您　亲

jīn nián　　yīn qín　　qīn xìn　　jìn liàng　　jìn lì　　lín jìn　　pǐn zhǒng　　jìn huà lùn
今 年　　殷 勤　　亲 信　　尽 量　　尽 力　　邻 近　　品 种　　进 化 论

jìn tuì zì rú　　jìn shuǐ lóu tái　　mín bù liáo shēng　　pǐn xué jiān yōu
进 退 自 如　　近 水 楼 台　　民 不 聊 生　　品 学 兼 优

你也勤来我也勤，生产同心土变金。工人农民亲兄弟，心心相印团结紧。
青松岭，青松顶，青松顶停蜻蜓静，蜻蜓静，蜻蜓停，蜻蜓静停青松顶。

ün 发音要点：

发音时，起点元音是前高圆唇元音 ü [y]。与 in 的发音过程基本相同，只是唇形变化不同。从圆唇的前元音 ü 开始，唇形从圆唇逐步展开，而 in 的唇形始终是展唇。与 j、q、x 拼读，要去掉两点，但它不能读成 un。自成音节时，写作 yun。

发音例词：

军训 jūn xùn　　　均匀 jūn yún　　　芸芸 yún yún
群众 qún zhòng　　循环 xún huán　　允许 yǔn xǔ

字、词、绕口令训练:

<table>
<tr><td>jūn</td><td>jùn</td><td>jūn</td><td>qún</td><td>xún</td><td>xùn</td><td>xùn</td><td>yùn</td><td>yùn</td><td>yūn</td><td>yún</td><td>xūn</td><td>jùn</td><td>qún</td></tr>
<tr><td>军</td><td>俊</td><td>均</td><td>群</td><td>寻</td><td>训</td><td>讯</td><td>运</td><td>韵</td><td>晕</td><td>云</td><td>熏</td><td>郡</td><td>裙</td></tr>
</table>

xún yǔn jùn
询 允 峻

wéi qún　　jùn měi　　jūn guān　　jūn zhǔ　　xún qiú　　yùn lǜ　　yún chèn
围裙　　俊美　　军官　　君主　　寻求　　韵律　　匀称

yún lǐ wù lǐ　　yùn chóu wéi wò　　jūn lìng rú shān　　qún lóng wú shǒu
云里雾里　　运筹帷幄　　军令如山　　群龙无首

军车运来一堆裙，一色军用绿色裙。
军训女生一大群，换下花裙换绿裙。

ian 发音要点：

发音时，直接看作 i 和 an 的合拼，第一个元音 i 轻而短，第二个元音 a 清晰响亮，但在这里 a 不读 [a]，变音成 [ɛ]。口形由合到开再到合。

发音例词：

艰险 jiān xiǎn　　简便 jiǎn biàn　　连篇 lián piān
前天 qián tiān　　浅显 qiǎn xiǎn　　田间 tián jiān

字、词、绕口令训练：

<table>
<tr><td>yǎn</td><td>yán</td><td>yān</td><td>yàn</td><td>biàn</td><td>biān</td><td>jiàn</td><td>jiān</td><td>lián</td><td>liǎn</td><td>xiān</td><td>qián</td><td>qiān</td></tr>
<tr><td>眼</td><td>言</td><td>烟</td><td>燕</td><td>变</td><td>边</td><td>见</td><td>尖</td><td>连</td><td>脸</td><td>先</td><td>钱</td><td>千</td></tr>
</table>

miàn piàn xiān tián diàn
面 骗 仙 甜 电

biàn qiān　　yǎn xiàn　　piàn kè　　jiǎn chá　　diǎn xíng　　biàn yú　　jiàn shè　　mián huā
变迁　　眼线　　片刻　　检查　　典型　　便于　　建设　　棉花

piàn zi　　liǎn sè　　lián hé guó　　nián tóur
骗子　　脸色　　联合国　　年头儿

nián fù yì nián　　biàn huà wú qióng　　yǎn jiàn wéi shí　　qiān piān yí lǜ
年复一年　　变化无穷　　眼见为实　　千篇一律

大姐编辫，两个人编。
二姐编那半边，三姐编这半边；
三姐编这半边，二姐编那半边。

uan 发音要点：

uan 为 u 和 an 的合拼，发音时，先圆唇，u 的发音轻而短，第二个元音清晰响亮，发完第二个元音后，软腭下降，逐渐增强鼻音色彩，舌尖迅速移到上齿龈，抵住上齿龈做出发 n 的状态即可。口形由合到开再到合，唇形由圆到开再到扁平。

发音例词：

贯穿 guàn chuān　　软缎 ruǎn duàn　　酸软 suān ruǎn

婉转 wǎn zhuǎn　　专款 zhuān kuǎn

字、词、绕口令训练：

玩 wán　万 wàn　完 wán　晚 wǎn　传 chuán　川 chuān　串 chuàn　短 duǎn　段 duàn　端 duān　关 guān　管 guǎn

惯 guàn　换 huàn　还 huán　欢 huān　钻 zuān　赚 zhuàn　宽 kuān　款 kuǎn

短期 duǎn qī　断定 duàn dìng　管道 guǎn dào　欢喜 huān xǐ　环节 huán jié　还原 huán yuán　幻觉 huàn jué

患者 huàn zhě　团员 tuán yuán　转化 zhuǎn huà　专项 zhuān xiàng

团结一心 tuán jié yì xīn　玩物丧志 wán wù sàng zhì　宽宏大量 kuān hóng dà liàng　欢天喜地 huān tiān xǐ dì

那边划来一艘船，这边漂去一张床，

船床河中互相撞，

不知船撞床，还是床撞船。

üan 发音要点：

发音时，由圆唇的后高元音 ü [y] 开始发音时，第二个元音 a 清晰响亮，但在这里 a 不读 [ɑ]，变音成 [ɛ]。口形由合到开再到合。与声母 j、q、x 拼读省掉两点。自成音节写成 yuan。

发音例词：

源泉 yuán quán　　轩辕 xuān yuán　　涓涓 juān juān

圆圈 yuán quān　　渊源 yuān yuán

字、词、绕口令训练：

员 yuán　远 yuǎn　院 yuàn　冤 yuān　全 quán　劝 quàn　宣 xuān　选 xuǎn　卷 juǎn　捐 juān　券 quàn　泉 quán

玄 xuán　圈 quān　原 yuán　旋 xuán　权 quán　拳 quán

捐款 juān kuǎn　泉眼 quán yǎn　卷烟 juǎn yān　卷子 juàn zi　权利 quán lì　远古 yuǎn gǔ　元旦 yuán dàn　全部 quán bù

院落 yuàn luò　拳头 quán tou

远近闻名 yuǎn jìn wén míng　全心全意 quán xīn quán yì　怨天尤人 yuàn tiān yóu rén　悬而未决 xuán ér wèi jué

圆圈圆，圈圆圈，圆圆娟娟画圆圈。
娟娟画的圈连圈，圆圆画的圈套圈。
娟娟圆圆比圆圈，看看谁的圆圈圆。

uen 发音要点：

发音时，由圆唇的后高元音 u［u］开始，轻而短，向元音 e［ə］的位置过渡，发 e［ə］后，软腭下降，逐渐增强鼻音色彩，舌尖迅速移到上齿龈，最后抵住上齿龈做出发鼻音 n 的状态。唇形由圆唇在向中间折点元音滑动的过程中渐变为展唇。与声母拼写时写作 un，读音不要丢掉中间的 e［ə］音。

发音例词：

昆仑 kūn lún　　温存 wēn cún　　温顺 wēn shùn
论文 lùn wén　　馄饨 hún tun　　谆谆 zhūn zhūn

字、词、绕口令训练：

chūn chǔn chún cún cūn cùn dùn wèn gǔn gùn hún hūn kùn kūn
春　蠢　纯　存　村　寸　顿　问　滚　棍　混　婚　困　昆

lún shùn zhǔn zūn tūn wén
轮　顺　准　尊　吞　文

lùn wén　wēn cún　wēn shùn　chūn qiū　cūn zhuāng　sǔn hài　cún qián　hūn lǐ
论文　　温存　　温顺　　春秋　　村庄　　损害　　存钱　　婚礼

sūn zi　zūn zhòng　zūn shǒu　shùn xù
孙子　　尊重　　遵守　　顺序

wēn wén ěr yǎ　zūn shī zhòng dào　gǔn gǔn cháng jiāng　chūn nuǎn huā kāi
温文尔雅　　尊师重道　　滚滚长江　　春暖花开

孙伦打靶真叫准，
半蹲射击特别神，
本是半路出家人，
摸爬滚打练成神。

2. 后鼻韵母

ang 发音要点：

发音时，起点元音是后低不圆唇元音 a［ɑ］，口大开，舌尖离开下齿背，舌头后缩。从"后 a"（指发 a 时舌位靠后）开始，舌面后部抬起，当贴近软腭时，软腭下降，打开鼻腔通路，紧接着舌根与软腭接触，封闭了口腔通路，气流从鼻腔里透出。口形保持发 a 的形状。

发音例词：

帮忙 bāng máng　　苍茫 cāng máng　　当场 dāng chǎng

刚刚 gāng gāng　　商场 shāng chǎng

字、词、绕口令训练：

bàng	bāng	shàng	táng	sāng	tāng	táng	lǎng	cáng	làng	náng	yáng
棒	帮	上	唐	桑	汤	堂	朗	藏	浪	囊	羊

cāng	yǎng	cháng	chǎng	chàng	háng	máng	zhāng
苍	养	长	场	唱	行	忙	张

bǎng jià	táng láng	tiān táng	jù chǎng	náng kuò	Xī Zàng	gāng cái	yáng qì
绑架	螳螂	天堂	剧场	囊括	西藏	刚才	洋气

cáng shū	táng shān	chàng gē	sàng jìn
藏书	唐山	唱歌	丧尽

táng bì dāng chē	lǎng lǎng qián kūn	shàng shàn ruò shuǐ	yǎng hǔ wéi huàn
螳臂当车	朗朗乾坤	上善若水	养虎为患

张康当董事长，詹丹当厂长，

张康帮助詹丹，詹丹帮助张康。

eng 发音要点：

发音时，起点元音是央元音 e [ə]。从 e [ə] 开始，舌面后部抬起，贴向软腭。当两者将要接触时，软腭下降，打开鼻腔通路，紧接着舌面后部抵住软腭，使在口腔受到阻碍的气流从鼻腔里透出。口形保持发 e [ə] 的形状。

发音例词：

承蒙 chéng méng　　丰盛 fēng shèng　　更正 gēng zhèng

萌生 méng shēng　　声称 shēng chēng

字、词、绕口令训练：

téng	téng	bèng	bēng	chéng	chēng	zhēng	zhèng	shēng	héng	shèng
腾	疼	蹦	崩	成	撑	蒸	正	声	横	盛

shěng	pèng	péng	péng	mèng	měng	néng	fēng	céng
省	碰	鹏	朋	梦	猛	能	风	曾

chéng gōng	dà péng	péng you	héng shù	céng jīng	céng cì	bèng chū	téng ài
成功	大鹏	朋友	横竖	曾经	层次	蹦出	疼爱

mèng xiǎng	néng nài	chēng zhù	zhēng shèng
梦想	能耐	撑住	争胜

mèng xiǎng chéng zhēn	héng qī shù bā	téng yún wàn lǐ	néng zhě duō láo
梦想成真	横七竖八	腾云万里	能者多劳

陈庄程庄都有城，陈庄城通程庄城。

陈庄城和程庄城，两庄城墙都有门。

陈庄城进程庄人，陈庄人进程庄城。

ing 发音要点：

发音时，起点元音是前高不圆唇元音 i [i]，舌尖接触下齿背，舌面前部隆起。从 i [i] 开始，舌面隆起部位不降低，一直后移，舌尖离开下齿背，逐步使舌面后部隆起，贴向软腭。当两者将要接触时，软腭下降，打开鼻腔通路，紧接着舌面后部抵住软腭，封闭口腔通路，气流从鼻腔透出。从 [i] 到 [ŋ] 的过程，舌位一前一后，距离较远，发音过程中有自然过渡音 [ə]，口形没有太大变化，从合到稍微略开。

发音例词：

叮咛 dīng níng　　经营 jīng yíng　　命令 mìng lìng
评定 píng dìng　　清静 qīng jìng

字、词、绕口令训练：

jīng　qǐng　níng　mìng　bīng　líng　yíng　xīng　jīng　qīng　xíng
京　请　宁　命　兵　铃　迎　星　经　清　形

jīng líng　píng dìng　xíng zhèng　yīng míng　píng jìng　xīng kōng
精灵　平定　行政　英明　平静　星空

píng píng' ān ān　yīng míng jué zé　píng shuǐ xiāng féng　jīng yì qiú jīng
平平安安　英明抉择　萍水相逢　精益求精

望月空，满天星，光闪闪，亮晶晶，
好像那，小银灯，仔细看，看分明，
大大小小，密密麻麻，
闪闪烁烁，数也数不清。

青萍上面停蜻蜓，蜻蜓青萍分不清。
别把蜻蜓当青萍，别把青萍当蜻蜓。

ong 发音要点：

发音时，起点元音是后高圆唇元音 u [u]，但比 u 的舌位略低一点，发 [u] 后，舌面后部抬高向软腭运动，封闭口腔通路，软腭下降，打开鼻腔通路，气流从鼻腔通过，最后做出发 ng 的状态。唇形始终拢圆，保持发 [u] 的口形状态。

发音例词：

共同 gòng tóng　　轰动 hōng dòng　　空洞 kōng dòng
隆重 lóng zhòng　　通融 tōng róng

字、词、绕口令训练：

gōng	gòng	róng	róng	tóng	tōng	nóng	nòng	lóng	lóng	kōng	dòng
功	共	荣	戎	童	通	农	弄	龙	隆	空	动

zǒng	zhǒng	sòng	cóng	cōng	chōng	zhòng
总	种	送	从	聪	冲	重

gōngláo	gòngxiǎng	róng yù	tóngxīn	tōngbìng	nóngyè	dòngtan	zǒngjié
功劳	共享	荣誉	童心	通病	农业	动弹	总结

sòngdú	cōngmíng	chōngkuǎ	zhòngxīn
诵读	聪明	冲垮	重心

gōngchéngmíngjiù	róngrǔyǔgòng	chōngfēngxiànzhèn	chōngchūchóngwéi
功成名就	荣辱与共	冲锋陷阵	冲出重围

冲冲栽了十根葱，松松栽了十棵松。
冲冲说栽松不如栽葱，松松说栽葱不如栽松。
是栽松不如栽葱，还是栽葱不如栽松。
东边来个小朋友叫小松，
手里拿着一捆葱。
西边来个小朋友叫小丛，
手里拿着小闹钟。
小松手里葱捆得松，
掉在地上一些葱。
小丛忙放闹钟去拾葱，
帮助小松捆紧葱。
小松夸小丛像雷锋，
小丛说小松爱劳动。

iang 发音要点：

发音时，由前高不圆唇元音 i [i] 开始，轻而短，舌位向后滑降到后低元音 a [a]（后 a），然后舌位升高。口形由合到开。

发音例词：

两样 liǎng yàng　　洋相 yáng xiàng　　响亮 xiǎng liàng
长江 cháng jiāng

字、词、绕口令训练：

yáng	yàng	xiàng	xiǎng	niáng	niàng	liǎng	liàng	liáng	qiáng	qiǎng
羊	样	向	想	娘	酿	两	量	粮	强	抢

jiāng	jiǎng	jiāng
将	讲	江

| yáng qún | xiǎng niàn | niáng qīn | yùn niàng | qiáng xiàng | qiǎng duó | jiāng jūn |

羊群　想念　娘亲　酝酿　强项　抢夺　将军

jiǎng shù

讲述

liǎng jūn duì zhèn　jiāng jì jiù jì　qiáng nǔ zhī mò　xiàng zhuāng wǔ jiàn

两军对阵　将计就计　强弩之末　项庄舞剑

杨家养了一只羊，蒋家修了一道墙。
杨家的羊撞倒了蒋家的墙，
蒋家的墙压死了杨家的羊。
杨家要蒋家赔杨家的羊，
蒋家要杨家赔蒋家的墙。

uang 发音要点：

发音时，由圆唇的后高元音 u［u］开始，舌位滑降至后低元音 a［ɑ］（后 ɑ），然后舌位升高。从后低元音 a［ɑ］开始，舌面后部贴向软腭。唇形从圆唇在向折点元音的滑动中渐变为展唇。

发音例词：

狂妄 kuáng wàng　　双簧 shuāng huáng

状况 zhuàng kuàng　　装潢 zhuāng huáng

字、词、绕口令训练：

wáng　wǎng　wàng　guǎng　guāng　guàng　chuàng　chuáng　kuáng　kuàng

王　网　忘　广　光　逛　创　床　狂　框

zhuāng　zhuàng　huáng　huāng

装　状　黄　慌

wàng jì　guǎng kuò　guǎng chǎng　chuàng xīn　chuáng pù　huāng máng　wǎng luó

忘记　广阔　广场　创新　床铺　慌忙　网罗

kuáng wàng zì dà　zhuāng mú zuò yàng　guāng cǎi zhào rén　huáng jīn bái yín

狂妄自大　装模作样　光彩照人　黄金白银

王庄卖筐，匡庄卖网，
王庄卖筐不卖网，匡庄卖网不卖筐，
你要买筐别去匡庄去王庄，
你要买网别去王庄去匡庄。

ueng 发音要点：

发音时，由圆唇的后高元音 u［u］开始，舌位滑降到央元音 e［ə］的位置，然后舌位升高。从央元音 e［ə］开始，舌面后部贴向软腭。唇形从圆唇在向中间折点元音滑动过程中渐变为展唇。

在普通话里，韵母 ueng 只有一种零声母的音节形式 weng。

发音例词：

水瓮 shuǐ wèng　　主人翁 zhǔ rén wēng

老翁 lǎo wēng　　嗡嗡 wēng wēng

字、词、绕口令训练：

老翁卖酒老翁买，老翁买酒老翁卖。

老翁买酒老翁卖，老翁卖酒老翁买。

iong 发音要点：

发音时，起点元音是元音 ü [y]，不是 [i]，发 ü [y] 后，软腭下降，打开鼻腔通路，紧接着舌面后部抵住软腭，封闭口腔通路，气流从鼻腔里透出。

为避免字母相混，《汉语拼音方案》规定，用字母 io 表示起点元音 ü [y]。

发音例词：

炯炯 jiǒng jiǒng　　汹涌 xiōng yǒng

穷困 qióng kùn　　窘境 jiǒng jìng

字、词、绕口令训练：

yǒng　yòng　qióng　qióng　xiōng　xióng　jiǒng　jiǒng　yōng　xióng　xiōng
永　　用　　穷　　　琼　　　胸　　　熊　　　炯　　　窘　　　拥　　雄　　兄

yǒng
勇

yǒng gǎn　yǒng qì　yòng rén　yōng sú　xióng zhuàng　xiōng dì　yōng bào
勇　敢　　勇　气　　用　人　　庸　俗　　雄　　壮　　　兄　弟　　拥　抱

yǒng bǎo qīng chūn　　yòng xīn liáng kǔ　　xióng xióng huǒ yàn
永　葆　青　春　　　　用　心　良　苦　　　熊　熊　火　焰

小涌勇敢学游泳，勇敢游泳是英雄，

英雄不怕去游泳，游好游泳看小涌。

辨析

韵母辨析综合训练

• 单韵母

i-ü：这天天下雨，体育局穿绿雨衣的女小吕，去找穿绿运动衣的女老李。穿绿雨衣的女小吕，没找到穿绿运动衣的女老李，穿绿运动衣的女老李，也没见着穿绿雨衣的女小吕。

u—ü：徐州吴先生骑驴去泸州，屡次遇见雨和雾。苏州余先生上路去徐州，五次买回布与醋。

i—u：一出门儿，走七步，拾了块麂皮补皮裤。是麂皮补皮裤，不是麂皮不必补皮裤。

e—o：颗颗豆子进石磨，磨成豆腐送哥哥。哥哥说我的生产虽然少，可是小小的生产贡献多。

i—u—ü：墙头儿高，墙头儿低，墙旮旯有对儿蛐蛐儿吹牛皮，大蛐蛐儿说："昨儿个我吃了两只花不楞登的大老虎。"小蛐蛐儿说："今儿个我吃了两只灰不溜丘的大叫驴。"大蛐蛐儿说："我在南山爪子一抬踢倒了十棵大柳树。"小蛐蛐儿说："我在北海大嘴一张，吞了十条大鲸鱼。"这两个蛐蛐儿正在吹牛皮，打东边扑棱棱飞来一只芦花大公鸡。你看这只公鸡有多愣，尖嘴"哆"的一声，吃了这只小蛐蛐儿。大蛐蛐儿一看生了气，它龇龇牙捋捋须，一抻腿，唉！它也喂了鸡！

• **复韵母**

u—ou：山上有只虎，山下有只猴，虎撵猴，猴斗虎，虎撵不上猴，猴斗不了虎。

ou—a：石油工人一声吼，地球也要抖三抖。石油工人力量大，天大的困难也不怕。

ia—ua：贾家养俩鸭，一只白花鸭，一只灰花鸭，白花鸭比灰花鸭价大，灰花鸭比白花鸭个大，贾家要卖掉这俩鸭，白花鸭个儿小只好压价，灰花鸭个儿大可以抬价，结果俩鸭一个价。

ou—iou：春雨贵如油，渠水美如酒，美酒去忧愁，春雨助丰收。

uei—ei：北风吹，雪花飞，冬天雪花是宝贝。去给麦苗盖上被，明年麦子多几倍。

• **鼻韵母**

an—ang：这是蚕，那是蝉，蚕常在叶里藏，蝉常在林里唱。

en—eng：老彭捧着一个盆，路过老闻干活儿的棚，老闻的棚碰了老彭的盆，棚倒盆碎棚砸盆，盆碎棚倒盆撞棚。老彭要赔老闻的棚，老闻要赔老彭的盆，老闻陪着老彭去买盆，老彭陪着老闻来修棚。

in—ing：
生身亲母亲，谨请您就寝，
请您心宁静，身心很要紧。

新星伴月明，银光澄清清，
尽是清静境，敬铃不要惊。
您醒我进来，进来敬母亲。

ing—eng：
十字路口指示灯，
红黄绿灯分得清，
红灯停，绿灯行，
停行、行停看路灯。

ing—eng—ong：
西洞庭东洞庭，
洞庭山上一根藤，
藤上吊铜铃。
风吹藤动铜铃响当丁，
风停藤静铜铃停。

三、声调

声调是音节的高低升降的变化形式。声调同声母、韵母一样，具有区别意义的作用。

声调包括调值和调类两个方面。

（一）调值

调值是声调的实际读音，也就是音节的高低、升降、曲直、长短的变化形式。普通话有四种基本调值，用五度标记法表示如下。

阴平（第一声）——调值55。发音从5度到5度，声音高而平，基本上没有升降的变化，如"江、山、高、天"等的声调。

阳平（第二声）——调值35。发音从3度到5度，声音由中到高，是个高升的调子，如"人、民、团、结"等的声调。

上声（第三声）——调值214。发音从2度降到1度再升到4度，是个先降后升的调子，如"友、领"等的声调。

去声（第四声）——调值51。发音从5度降到1度，是个全降的调子。如"大、雁、胜、利"等的声调。

五度竖标法：

画一条竖线，分成五个调域，自下而上用1、2、3、4、5代表低、半低、中、半高、高五度；在竖线的左侧，自左向右画一条线把音高随时间而产生的变化描画出来。这条线的高低曲折反映的就是声调的调值。

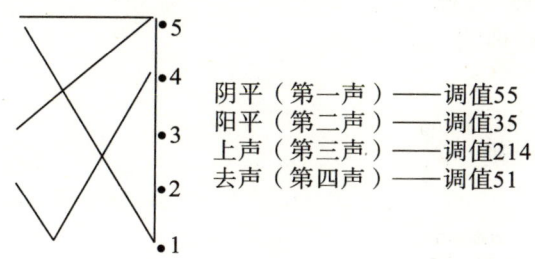

阴平（第一声）——调值55
阳平（第二声）——调值35
上声（第三声）——调值214
去声（第四声）——调值51

（二）调类

调类是指声调的种类，是按照声调的实际读音（即调值）归纳出来的类别。一种语言或方言中有几种基本调值，就有几种调类。

普通话有四种基本调值，因而有四种调类；传统的汉语音韵学把这四种调类称为阴平、阳平、上声、去声，教学上也称为第一声、第二声、第三声、第四声。

《汉语拼音方案》规定这四种声调符号为：—（阴平）、／（阳平）、∨（上声）、＼（去声），这些调号在形状基本上是五度标记法的缩影。调号要标在主要元音（韵腹）上。

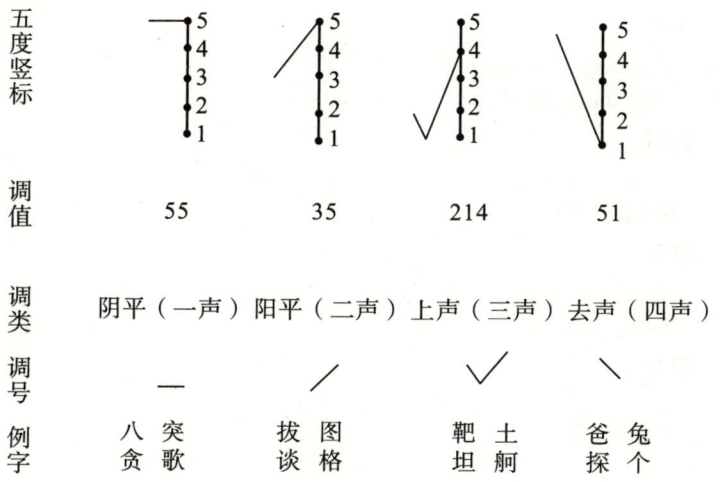

（三）声调辨析训练

1. 单音节四声顺序训练

pēng　péng　pěng　pèng
烹　　朋　　捧　　碰

2. 双音节连调训练

阴平＋阴平

wū yā　bā jiāo　xūn zhāng
乌鸦　芭蕉　勋章

阴平＋阳平

jiā yáo　fēn wéi　zhān lián
佳肴　氛围　粘连

阴平＋上声

tuō lěi　xī shǔn　yīng yǔn
拖累　吸吮　应允

阴平＋去声

fū sè　gāo kàng　guī lì
肤色　高亢　瑰丽

阳平＋阴平

fú jī　yuán xiāo　quán suō
伏击　元宵　蜷缩

阳平＋阳平

niú dú　cháo xué　jué zhú
牛犊　巢穴　角逐

阳平＋上声

máo cǎo　cháo fěng　qí dǎo
茅草　嘲讽　祈祷

阳平＋去声

xué wèi　xiá ài　péng dà
穴位　狭隘　膨大

上声＋阴平

shǎ guā　zǎi gē　hǎi shēn
傻瓜　宰割　海参

上声＋阳平

bǎi yóu　gǔ jí　bǐ yí
柏油　古籍　鄙夷

上声＋上声
bǔ jǐ　xiǎng fǎ　yǔn xǔ
补给　想法　允许

上声＋去声
dǎ chà　yǐn mò　niǎo kàn
打岔　隐没　鸟瞰

去声＋阴平
bèng fā　lì qīng　tè shū
迸发　沥青　特殊

去声＋阳平
cuàn duó　jiàn bié　shàn cháng
篡夺　鉴别　擅长

去声＋上声
diàn fěn　bàn lǚ　nèi xǐng
淀粉　伴侣　内省

去声＋去声
dào niàn　pì jìng　jiào huì
悼念　僻静　教诲

3. 同调相连词语训练
jū'ān sī wēi　ér tóng wén xué　wěn tuǒ chǔ lǐ　biàn huàn mò cè
居安思危　儿童文学　稳妥处理　变幻莫测

4. 四声顺序词语训练
huā hóng liǔ lǜ　shān míng shuǐ xiù　fēng tiáo yǔ shùn　bīng qiáng mǎ zhuàng
花红柳绿　山明水秀　风调雨顺　兵强马壮

5. 声调辨析训练

rèn mìng shì rèn mìng, rén míng shì rén míng,
任命是任命，人名是人名，
rèn mìng bù néng shuō chéng rén míng, rén míng yě bù néng shuō chéng rèn mìng。
任命不能说成人名，人名也不能说成任命。

lǎo shī lǎo shì jiào lǎo shǐ qù lāo shí,
老师老是叫老史去捞石，
lǎo shǐ lǎo shì méi yǒu qù lāo shí。
老史老是没有去捞石。

lǎo shǐ lǎo shì piàn lǎo shī。
老史老是骗老师。

lǎo shī lǎo shì shuō lǎo shǐ bù lǎo shi。
老师老是说老史不老实。

lǎo lao lào lào lào lǎo, lǎo lao lāo lào;
姥姥烙酪酪老，姥姥捞酪；

jiù jiu jiù jiū jiū fēi,　jiù jiu jiù jiū;
舅舅救鸠鸠飞，舅舅救鸠;

māma qí mǎ,　mǎmàn,　māmamà mǎ;
妈妈骑马，马慢，妈妈骂马;

niū niu hōng niú,　niú níng,　niū niu níng niú.
妞妞轰牛，牛拧，妞妞拧牛。

四、语流音变

在连续的语流中，前后音节会互相影响，致使某些音节的音素或声调发生语音变化，这就是音变。普通话中常见的音变现象有：轻声、儿化、变调（上声、一、不）、"啊"的变读。

（一）轻声

有些音节在词语或句子里，常常失去原有的声调，读成一种又轻又短的调子。这种又轻又短的调子，叫作轻声。

1. 轻声的特点

轻声在物理属性上的主要表现是音长变短，音强变弱。

2. 轻声的读法

轻声在音高上的表现因受前一个音节声调的影响是不固定的，用五度标记法表示如下：

阴平+轻声：半低（调值为2）

如：跟头、柑子、蹲下、他的、桌子、说了

阳平+轻声：中调（调值为3）

如：石头、桃子、红的、房子、晴了

上声+轻声：半高（调值为4）

如：里头、李子、躺下、我的、斧子、洗了

去声+轻声：低（调值为1）

如：木头、柿子、坐下、坏的、扇子、睡了

3. 轻声的作用

（1）区别词义。

如：东西 dōng xī（方向）
　　　　dōng xi（物体）
　　地方 dì fāng（对"中央"而言）
　　　　dì fang（处所）

（2）区分词性。

如：大意 dà yì（名词，主要内容）

　　　　dà yi（形容词，不小心）

　　人家 rén jiā（名词，住户）

　　　　rén jia（代词，指别人，也可指自己）

4．轻声的规律

（1）助词"的、地、得、着、了、过"和语气词"吧、吗、呢、啊"等。

如：领路的、愉快地、学得好

　　笑着、活了、看过、他呢、谁啊、放心吧、来吗

（2）叠音词和重叠形式动词的第二个语素（通常名词、动词读轻声，如果是形容词则保持原声调）。

如：星星、妈妈、坐坐、读读、了解了解、商量商量

（3）用在名词、代词后面的方位词，如"上、下、里、边、面"等。但方位"内、外"等一般不读轻声。

如：脸上、山下、地底下、村子里、前边、外面、里面

（4）用在动词、形容词后面表示趋向的动词，如"来、去、起来、下去"等。

如：进来、起来、出去、热起来、说出来、夺回来、挑回去、跑下去

（5）量词"个"。

如：这个、哪个、一个

（6）后面是"头、乎、么、当、和、家、快、气、生、思、候、们、计、子"的部分情况。

头：石头、甜头、枕头、罐头、馒头

乎：忙乎、热乎、在乎、悬乎、玄乎、近乎

么：多么、这么、那么、什么

当：顺当、稳当

和：掺和、搅和、暖和、软和

家：东家、行家、娘家、婆家、亲家、人家

快：凉快、爽快、痛快

气：福气、客气、阔气、脾气、义气、运气、洋气

生：先生、畜生

思：寻思、心思、意思

候：伺候、时候

们：你们、我们、他们、老师们、同学们、先生们
计：活计、伙计
子：桌子、石子、鞭子、辫子、稻子、斧子、小子、谷子

(7) 人体的部位。
如：脑袋、头发、眉毛、眼睛、鼻子、嘴巴、胳膊

（二）儿化

后缀"儿"与它前一音节的韵母结合成一个音节，并使这个韵母带上卷舌音色的一种特殊音变现象，叫作儿化。

儿化韵：儿化以后，卷舌化了的韵母叫"儿化韵"。

儿化音节：儿化以后的音节叫儿化音节。

儿化的基本性质：卷舌。

1. 儿化的作用

(1) 区别词义。

如：小人——小人儿
　　拉练——拉链儿
　　开火——开伙儿

(2) 区分词性。

如：尖——尖儿
　　画——画儿

(3) 表示细小、轻微的状态或性质。

如：小孩儿、小枝儿、铁丝儿、粉笔末儿、放点虾仁儿、碰破点皮儿

(4) 表示亲切、温和或喜爱的感情色彩。

如：小脸蛋儿、雪人儿、知心话儿、小孩儿、老头儿、小鸟儿

2. 儿化的发音和音变规律

(1) 音节末尾是 a、o、e、ê、u（包括 ao、iao 的 o）的，韵母直接卷舌。

如：a–ar 哪儿　　　ia–iar 豆芽儿　　　ua–uar 牙刷儿
　　o–or 锯末儿　　uo–uor 酒窝儿
　　e–er 小车儿
　　ie–ier 台阶儿　üe–üer 丑角儿
　　u–ur 眼珠儿　　ao–aor 豆腐脑儿　iao–iaor 麦苗儿
　　ou–our 老头儿　iou–iour 煤球儿

(2) 韵尾是 i、n（除 in、ün 外）的，丢掉韵尾，主要元音卷舌。

如：ai－ar 锅盖儿　　uai－uar 乖乖儿

　　ei－er 刀背儿　　uei－uer 一会儿

　　an－ar 竹竿儿　　ian－iar 书签儿

　　uan－uar 好玩儿　üan－üar 圆圈儿

　　en－er 书本儿　　uen－uer 没准儿

(3) 韵母是 in、ün 的，丢掉韵尾，还要加 er。

如：in－ier 背心儿　脚印儿

　　ün－üer 花裙儿　合群儿

(4) 韵母是 i、ü 的，加 er。

如：i－ier 米粒儿　小鸡儿　针鼻儿

　　ü－üer 金鱼儿　有趣儿　唱曲儿

(5) 韵母是 -i（前）、-i（后）的，韵母丢 -i 加 er。

如：-i（前）瓜子儿　没词儿　铁丝儿

　　-i（后）树枝儿　没事儿

(6) 韵母是 ng 的，丢掉韵尾，韵腹带鼻音，并卷舌。

如：ang－ãr 药方儿　后晌儿

　　iang－iãr 瓜秧儿　唱腔儿

　　uang－uãr 天窗儿　竹筐儿

　　eng－ẽr 门缝儿　板凳儿

　　ong－õr 没空儿　胡同儿

(7) 韵母是 ing、iong 的，丢掉韵尾，加上鼻化的 ẽr。

如：ing－iẽr 花瓶儿　电影儿

　　iong－ioẽr（üẽr）小熊儿　哭穷儿

（三）上声的变调

1. 上声＋非上声：变半上，即调值由 214 变为 211

在阴平前：首都　北京　统一　始终　主观
　　　　　shǒu dū　běi jīng　tǒng yī　shǐ zhōng　zhǔ guān

　　　　　老师　小说　启发　可惜　火车
　　　　　lǎo shī　xiǎo shuō　qǐ fā　kě xī　huǒ chē

在阳平前：祖国　海洋　语言　旅游　小时
　　　　　zǔ guó　hǎi yáng　yǔ yán　lǚ yóu　xiǎo shí

　　　　　表扬　赶忙　感情　品格　水平
　　　　　biǎo yáng　gǎn máng　gǎn qíng　pǐn gé　shuǐ píng

在去声前：解放　土地　巩固　感谢　考试
　　　　　jiǔ diàn　zhǔn què　biǎo shì　měi shù　lǐ mào
　　　　　酒店　准确　表示　美术　礼貌

在轻声前：尾巴　起来　耳朵　打发　暖和
　　　　　kǒu dai　huǒ ji　lǎo le　xiǎo zi　yǐng zi
　　　　　口袋　伙计　老了　小子　影子

2. 上声＋上声：前字变阳平，调值由214变为35

shuǐ guǒ　liǎo jiě　lǐng dǎo　yǒng gǎn　yǒng yuǎn　miǎo xiǎo
水　果　了　解　领　导　勇　敢　永　远　渺　小

xuǎn jǔ　dǎo yǔ　yǒu hǎo　bǎ shǒu　biǎo yǎn　zhǐ diǎn
选　举　岛　屿　友　好　把　守　表　演　指　点

3. 上声＋上声＋上声：变成阳平＋阳平＋上声，调值由214变为35

zhǎn lǎn guǎn　guǎn lǐ zǔ　lǐng dǎo zhě　niǎn mǐ chǎng　dǎ bǎ chǎng
展　览　馆　管　理　组　领　导　者　碾　米　厂　打　靶　场

shǒu xiě tǐ　yǒng gǎn zhě　xuǎn jǔ fǎ　shǒu bǎ shǒu　jiǔ diǎn zhěng
手　写　体　勇　敢　者　选　举　法　手　把　手　九　点　整

变成半上＋阳平＋上声，调值211＋35＋214

hěn yǒng gǎn　xiǎo lǎo hǔ　lěng chǔ lǐ　hǎo jiǎng gǎo　hǎo zǒng lǐ
很　勇　敢　小　老　虎　冷　处　理　好　讲　稿　好　总　理

zhǐ lǎo hǔ　hǎi chǎn pǐn　dǎng xiǎo zǔ　xiǎo liǎng kǒu　kǎo yǔ fǎ
纸　老　虎　海　产　品　党　小　组　小　两　口　考　语　法

4. 上声叠音词：变成阳平＋轻声（35＋轻声）

děng deng　jiǎng jiang　tǎng tang　zǒu zou
等　等　讲　讲　躺　躺　走　走

变成半上＋轻声（211＋轻声）

jiě jie　nǎi nai　shěn shen　sǎo sao
姐　姐　奶　奶　婶　婶　嫂　嫂

（四）"一"的变调

1. 单说或在词语末尾，念原调（阴平）

yī　shí yī　tǒng yī　wàn yī　wéi yī　huà yī
一　十一　统一　万一　唯一　划一

2. 在去声前念阳平

yí yàng　yí xiàng　yí dìng　yí kuài　yí qiè
一样　一向　一定　一块　一切

yí bàn　yí dàn　yí dù　yí gòng　yí zhì
一半　一旦　一度　一共　一致

3. 在阴平、阳平、上声（非去声）前念去声

阴平前：一般　一边　一端
　　　　yì bān　yì biān　yì duān

阳平前：一年　一齐　一时
　　　　yì nián　yì qí　yì shí

上声前：一早　一举　一手
　　　　yì zǎo　yì jǔ　yì shǒu

4. 在叠用的动词中间，念轻声

想一想　　试一试　　管一管　　读一读
xiǎng yi xiǎng　shì yi shì　guǎn yi guǎn　dú yi dú

看一看　　坐一坐　　聊一聊　　听一听
kàn yi kàn　zuò yi zuò　liáo yi liáo　tīng yi tīng

学一学　　写一写　　擦一擦　　练一练
xué yi xué　xiě yi xiě　cā yi cā　liàn yi liàn

（五）"不"的变调

1. 单说或在词语末尾念原调（去声）

不　偏不　来不　要不
bù　piān bù　lái bù　yào bù

2. 在阴平、阳平、上声（非去声）前也念原调（去声）

阴平前：不安　不单　不端　不吃　不开
　　　　bù ān　bù dān　bù duān　bù chī　bù kāi

阳平前：不行　不白　不才　不同　不详
　　　　bù xíng　bù bái　bù cái　bù tóng　bù xiáng

上声前：不好　不比　不等　不管　不敢
　　　　bù hǎo　bù bǐ　bù děng　bù guǎn　bù gǎn

3. 在去声前念阳平

不怕　不够　不看　不像　不去　不是　不测
bú pà　bú gòu　bú kàn　bú xiàng　bú qù　bú shì　bú cè

4. 在动词后的补语中，或夹在词语当中念轻声

来不来　找不找　拿不动　说不清　道不明
lái bu lái　zhǎo bu zhǎo　ná bu dòng　shuō bu qīng　dào bu míng

（六）"啊"的变读

"啊"的变读是指句末语气词"啊"，在语流中受前一个音节末尾音素的影响发生音变的现象。

语气词"啊"的音变规律如下：

（1）前面音素是 a、o（ao、iao 除外）、e、ê、i、ü 时，"啊"变读 ya，

写作"呀"。

如：用劲儿拔呀！
要努力争取呀！
你还写不写呀？
快来喝呀！

(2) 前面音素是 u（包括 ao、iao）时，"啊"变读 wa，写作"哇"。
(u、ou、iou、ao、iao)

如：大声读哇！
快点儿走哇！
真巧哇！

(3) 前面音素是 n 时（前鼻音），"啊"变读 na，写作"哪"。
(an、ian、uan、üan、en、in、uen、ün)

如：一个好人哪！
走路要小心哪！
这道题真难哪！

(4) 前面音素是 ng 时（后鼻音），"啊"变读 nga，写作"啊"。
(ang、iang、uang、eng、ing、ueng、ong、iong)

如：这样不成啊！
请静一静啊！
真重啊！

(5) 前面音素是 -i（前）时，"啊"变读 za，写作"啊"。

如：这是蚕丝啊！
这可是工资啊！
多好的陶瓷啊！

(6) 前面音素是 -i（后）、er 时，"啊"变读 ra，写作"啊"。

如：他是我的老师啊！
怎么回事啊？
多鲜艳的花儿啊！

五、词语轻重格式

由于词义和感情的需要，双音节或多音节词语的各个音节有着约定俗成的轻重差别，即词语的轻重格式。短而弱的为轻，长而强的为重，二者之间的为中、次轻。

中重格式：
交通　当代　自然　理论　放心　本身
重中格式：
标准　记者　价值　形象　动作　作家
重次轻格式：
棉花　气氛　太阳　小心　客人　连累
重轻格式：
头发　萝卜　功夫　石榴　暖和　祖宗
中中重格式：
天安门　科学院　五一节　话务员　火力点
贫困线　播音员　收音机　呼吸道
中重轻格式：
枪杆子　命根子　过日子　拿架子　吊嗓子
硬骨头　小姑娘　撑门面　背地里　山核桃
中轻重格式：
保不齐　备不住　动不动　对不起　冷不防
过不来　说得来　生意经　数得着　大不了
中重中重格式：
丰衣足食　日积月累　心平气和
年富力强　枪林弹雨　花好月圆
中轻中重格式：
高高兴兴　亮亮堂堂　整整齐齐
清清楚楚　大大方方　和和美美
重中中重格式：
惨不忍睹　义不容辞　敬而远之
相形之下　一扫而空　美不胜收

六、常见多音字辨析

只 zhǐ（只有）zhī（一只鸟）
觉 jiào（午觉）jué（自觉）
种 zhòng（种田）zhǒng（种子）
乐 lè（快乐）yuè（音乐）
空 kòng（空地）kōng（天空）

好 hǎo（好人）hào（好学）
看 kàn（看见）kān（看守）
着 zháo（着火）zhe（走着）zhuó（穿着）zhāo（高着儿）
行 xíng（行人）háng（银行）
都 dōu（都有）dū（古都）
闷 mēn（闷热）mèn（闷葫芦）
还 hái（还有）huán（还钱）
结 jié（团结）jiē（结实）
长 zhǎng（长大）cháng（长沙）
数 shǔ（数一数）shù（数字）
地 de（高兴地说）dì（大地）
得 děi（就得去）dé（心得）
教 jiāo（教书）jiào（教室）
没 méi（没有）mò（没收）
为 wéi（为人）wèi（为了）
场 cháng（一场雨）chǎng（会场）
了 le（好了）liǎo（少不了）
见 kàn（看见）xiàn（见牛羊）
朝 cháo（上朝）zhāo（朝阳）
重 zhòng（重点）chóng（重生）
发 fā（发明）fà（白发）
干 gān（干果）gàn（干活）
分 fēn（分开）fèn（水分）
称 chēng（称呼）chèn（匀称）
背 bèi（背诵）bēi（背书包）
奔 bēn（飞奔）bèn（投奔）
号 hào（小号）háo（哀号）
当 dàng（上当）dāng（当然）
难 nán（难过）nàn（逃难）
铺 pū（铺开）pù（铺子）
盛 chéng（盛饭）shèng（盛开）
藏 zàng（宝藏）cáng（收藏）
转 zhuàn（转圈）zhuǎn（转学）

和 hé（平和）hè（一唱百和）huò（和药）huó（和面）hú（和了）huo（暖和）

杆 gān（旗杆）gǎn（烟杆）

更 gēng（更换）gèng（更加）

供 gōng（供给）gòng（口供）

将 jiāng（将来）jiàng（将校）

冠 guān（加冠）guàn（冠军）

角 jiǎo（角落）jué（角色）

矩 jǔ（矩形）ju（规矩）

卡 kǎ（卡车）qiǎ（关卡）

茄 jiā（雪茄）qié（茄子）

奇 jī（奇数）qí（奇怪）

校 jiào（校对）xiào（学校）

假 jiǎ（真假）jià（假期）

劲 jìn（干劲）jìng（强劲）

壳 ké（贝壳）qiào（地壳）

几 jī（茶几）jǐ（几何）

济 jǐ（人才济济）jì（救济）

间 jiān（中间）jiàn（间断）

解 jiě（解除）jiè（押解）xiè（解数）

可 kě（可恨）kè（可汗）

曾 zēng（曾祖）céng（曾经）

挨 āi（挨近）ái（挨打）

艾 ài（方兴未艾）yì（自怨自艾）

扒 bā（扒土）pá（扒手）

把 bǎ（把关）(bà）把儿

膀 bǎng（臂膀）páng（膀胱）

剥 bō（剥削）bāo（剥花生）

泊 bó（停泊）pō（湖泊）

薄 bó（单薄）bò（薄荷）báo（薄片）

暴 bào（暴露）pù（一暴十寒）

秘 bì（秘鲁）mì（秘密）

便 biàn（方便）pián（便宜）

单 chán（单于） dān（单位） shàn（姓单）
差 chā（差错） chà（差劲） chāi（出差） cī（参差不齐）

七、语音综合训练——朗读训练

朗读就是朗声读书，即运用普通话把书面语言清晰响亮、富有感情地读出来。朗读训练可以使我们逐渐掌握汉语语法规律，培养语感。朗读训练要求发音准确，吐字清楚，语言流畅，语气连贯，不添字、丢字，不读错字，按标点符号要求进行恰当的停顿。声音洪亮，但要做到自然化、生活化、本色化。朗读者的感情表达既要准确丰富，又要朴实自然，不要矫揉造作。

透明的溪水，明净得就像母亲的眼睛。春天，你的眼里是一片斑斓；夏天，你的眼里是一片浓绿；秋天，你的眼里是一片金色；冬天，你疲倦了——合上眼睛，也停止了唱歌。

——节选自覃锡之《溪水》

我是一滴水啊，一滴微不足道的水。可我要投入江河奔涌的波涛，飞溅起雪白的浪花，推动着远航的风帆。

——节选自叶延滨《一滴水》

盼望着，盼望着，东风来了，春天的脚步近了。

一切都像刚睡醒的样子，欣欣然张开了眼。山朗润起来了，水涨起来了，太阳的脸红起来了。

小草偷偷地从土里钻出来，嫩嫩的，绿绿的。园子里，田野里，瞧去，一大片一大片满是的。坐着，躺着，打两个滚，踢几脚球，赛几趟跑，捉几回迷藏。风轻悄悄的，草软绵绵的。

——节选自朱自清《春》

人们都说："桂林山水甲天下。"我们乘着木船荡漾在漓江上，来观赏桂林的山水。

我看见过波澜壮阔的大海，观赏过水平如镜的西湖，却从没看见过漓江这样的水。漓江的水真静啊，静得让你感觉不到它在流动；漓江的水真清啊，清得可以看见江底的沙石；漓江的水真绿啊，绿得仿佛那是一块无瑕的翡翠。船桨激起微波，扩散出一道道水纹，才让你感觉到，船在前进，岸在后移。

我攀登过峰峦雄伟的泰山，游览过红叶似火的香山，却从没看见过桂林这一带的山。桂林的山真奇啊，一座座拔地而起，各不相连，像老人，像巨象，像骆驼，奇峰罗列，形态万千；桂林的山真秀啊，像翠绿的屏障，像新生的竹笋，色彩明丽，倒映水中；桂林的山真险啊，危峰兀立，怪石嶙峋，好像一不小心就会栽倒下来。

　　这样的山围绕着这样的水,这样的水倒映着这样的山,再加上空中云雾迷蒙,山间绿树红花,江上竹筏小舟,让你感到像是走进了连绵不断的画卷,真是"舟行碧波上,人在画中游"。

——节选自陈淼《桂林山水》

　　没有一片绿叶,没有一缕炊烟,没有一粒泥土,没有一丝花香,只有水的世界,云的海洋。

　　一阵台风袭过,一只孤单的小鸟无家可归,落到被卷到海里的木板上,乘流而下,姗姗而来,近了,近了!……

　　忽然,小鸟张开翅膀,在人们头顶盘旋了几圈,"噗啦"一声落到了船上。许是累了?还是发现了"新大陆"?水手撵它,它不走,抓它,它乖乖地落在掌心。可爱的小鸟和善良的水手结成了朋友。

　　瞧,它多美丽,娇巧的小嘴,啄理着绿色的羽毛,鸭子样的扁脚,呈现出春草的鹅黄。水手们把它带到舱里,给它"搭铺",让它在船上安家落户。每天,把分到的一塑料筒淡水匀给它喝,把从祖国带来的鲜美的鱼肉分给它吃。天长日久,小鸟和水手的感情日趋笃厚。清晨,当第一束阳光射进舷窗时,它便敞开美丽的歌喉,唱啊唱,嘤嘤有韵,宛如春水淙淙。人类给它以生命,它毫不悭吝地把自己的艺术青春奉献给了哺育它的人。可能都是这样?艺术家们的青春只会献给尊敬他们的人。

　　小鸟给远航生活蒙上了一层浪漫色调。返航时,人们爱不释手,恋恋不舍地想把它带到异乡。可小鸟憔悴了,给水,不喝!喂肉,不吃!油亮的羽毛失去了光泽。是呀,我们有自己的祖国,小鸟也有它的归宿,人和动物都是一样啊,哪儿也不如故乡好!

　　慈爱的水手们决定放开它,让它回到大海的摇篮去,回到蓝色的故乡去。离别前,这个大自然的朋友与水手们留影纪念。它站在许多人的头上,肩上,掌上,胳膊上,与喂养过它的人们,一起融进那蓝色的画面……

——节选自王文杰《可爱的小鸟》

　　为了看日出,我常常早起。那时天还没有大亮,周围很静,只听见船里机器的声音。

　　天空还是一片浅蓝,很浅很浅的。转眼间,天水相接的地方出现了一道红霞。红霞的范围慢慢扩大,越来越亮。我知道太阳就要从天边升起来了,便目不转睛地望着那里。

　　果然,过了一会儿,那里出现了太阳的小半边脸,红是红得很,却没有亮光。太阳像负着什么重担似的，慢慢地，一纵一纵地，使劲儿向上升。到了最后，它终于冲破了云霞，完全跳出了海面，颜色真红得可爱。一刹那间，这深红的圆东西发出夺目的亮光，射得人眼睛发痛。它旁边的云也突然有了光彩。

有时候太阳躲进云里。阳光透过云缝直射到水面上，很难分辨出哪里是水，哪里是天，只看见一片灿烂的亮光。

有时候天边有黑云，云还很厚。太阳升起来，人看不见它。它的光芒给黑云镶了一道光亮的金边。后来，太阳慢慢透出重围，出现在天空，把一片片云染成了紫色或者红色。这时候，不仅是太阳、云和海水，连我自己也成了光亮的了。

这不是伟大的奇观么？

——节选自巴金《海行杂记》

朋友即将远行。

暮春时节，又邀了几位朋友在家小聚。虽然都是极熟的朋友，却是终年难得一见，偶尔电话里相遇，也无非是几句寻常话。一锅小米稀饭，一碟大头菜，一盘自家酿制的泡菜，一只巷口买回的烤鸭，简简单单，不像请客，倒像家人团聚。

其实，友情也好，爱情也好，久而久之都会转化成亲情。

说也奇怪，和新朋友会谈文学、谈哲学、谈人生道理等等，和老朋友却只话家常，柴米油盐，细细碎碎，种种琐事。很多时候，心灵的契合已经不需要太多的言语来表达。

朋友新烫了个头，不敢回家见母亲，恐怕惊骇了老人家，却欢喜地来见我们，老朋友颇能以一种趣味性的眼光欣赏这个改变。

年少的时候，我们差不多都在为别人而活，为苦口婆心的父母活，为循循善诱的师长活，为许多观念、许多传统的约束力而活。年岁逐增，渐渐挣脱外在的限制与束缚，开始懂得为自己活，照自己的方式做一些自己喜欢的事，不在乎别人的批评意见，不在乎别人的诋毁流言，只在乎那一份随心所欲的舒坦自然。偶尔，也能够纵容自己放浪一下，并且有一种恶作剧的窃喜。

就让生命顺其自然，水到渠成吧。犹如窗前的乌桕，自生自落之间，自有一份圆融丰满的喜悦。春雨轻轻落着，没有诗，没有酒，有的只是一份相知相属的自在自得。

夜色在笑语中渐渐沉落，朋友起身告辞，没有挽留，没有送别，甚至也没有问归期。

已经过了大喜大悲的岁月，已经过了伤感流泪的年华，知道了聚散原来是这样的自然和顺理成章，懂得这点，便懂得珍惜每一次相聚的温馨，离别便也欢喜。

——节选自杏林子《朋友和其他》

在里约热内卢的一个贫民窟里，有一个男孩子，他非常喜欢足球，可是又买不起，于是就踢塑料盒，踢汽水瓶，踢从垃圾箱里拣来的椰子壳。他在胡同里踢，在能找到的任何一片空地上踢。

有一天，当他在一处干涸的水塘里猛踢一个猪膀胱时，被一位足球教练看见了。他发现这个男孩儿踢得很像是那么回事，就主动提出要送给他一个足球。小男孩儿得到足球后踢得更卖劲了。不久，他就能准确地把球踢进远处随意摆放的一个水桶里。

圣诞节到了，孩子的妈妈说："我们没有钱买圣诞礼物送给我们的恩人，就让我们为他祈祷吧。"

小男孩儿跟随妈妈祈祷完毕，向妈妈要了一把铲子便跑了出去。他来到一座别墅前的花园里，开始挖坑。

就在他快要挖好坑的时候，从别墅里走出一个人来，问小孩儿在干什么，孩子抬起满是汗珠的脸蛋儿，说："教练，圣诞节到了，我没有礼物送给您，我愿给您的圣诞树挖一个树坑。"

教练把小男孩儿从树坑里拉上来，说，我今天得到了世界上最好的礼物。明天你就到我的训练场去吧。

三年后，这位十七岁的男孩儿在第六届足球锦标赛上独进二十一球，为巴西第一次捧回了金杯。一个原来不为世人所知的名字——贝利，随之传遍世界。

——节选自刘燕敏《天才的造就》

在苍茫的大海上，狂风卷集着乌云。在乌云和大海之间，海燕像黑色的闪电，在高傲地飞翔。

一会儿翅膀碰着波浪，一会儿箭一般地直冲向乌云，它叫喊着，——就在这鸟儿勇敢的叫喊声里，乌云听出了欢乐。

在这叫喊声里——充满着对暴风雨的渴望！在这叫喊声里，乌云听出了愤怒的力量、热情的火焰和胜利的信心。

海鸥在暴风雨来临之前呻吟着，——呻吟着，它们在大海上飞窜，想把自己对暴风雨的恐惧，掩藏到大海深处。

海鸭也在呻吟着，——它们这些海鸭啊，享受不了生活的战斗的欢乐：轰隆隆的雷声就把它们吓坏了。

蠢笨的企鹅，胆怯地把肥胖的身体躲藏到悬崖底下……只有那高傲的海燕，勇敢地，自由自在地，在泛起白沫的大海上飞翔！

乌云越来越暗，越来越低，向海面直压下来，而波浪一边歌唱，一边冲向高空，去迎接那雷声。

雷声轰响。波浪在愤怒的飞沫中呼叫，跟狂风争鸣。看吧，狂风紧紧抱起一层层巨浪，恶狠狠地把它们甩到悬崖上，把这些大块的翡翠摔成尘雾和碎末。

海燕叫喊着，飞翔着，像黑色的闪电，箭一般地穿过乌云，翅膀掠起波浪的飞沫。

看吧，它飞舞着，像个精灵，——高傲的、黑色的暴风雨的精灵，——它在大笑，它又在号叫……它笑那些乌云，它因为欢乐而号叫！

这个敏感的精灵，——它从雷声的震怒里，早就听出了困乏，它深信，乌云遮不住太阳，——是的，遮不住的！

狂风吼叫……雷声轰响……

一堆堆乌云，像青色的火焰，在无底的大海上燃烧。大海抓住闪电的箭光，把它们熄灭在自己的深渊里。这些闪电的影子，活像一条条火蛇，在大海里蜿蜒游动，一晃就消失了。

暴风雨！暴风雨就要来啦！

这是勇敢的海燕，在怒吼的大海上，在闪电中间，高傲地飞翔；这是胜利的预言家在叫喊：

让暴风雨来得更猛烈些吧！

——节选自高尔基《海燕》

其实你在很久以前并不喜欢牡丹。因为它总被人作为富贵膜拜。后来你目睹了一次牡丹的落花，你相信所有的人都会为之感动：一阵清风徐来，娇艳鲜嫩的盛期牡丹忽然整朵整朵地坠落，铺散一地绚丽的花瓣。那花瓣落地时依然鲜艳夺目，如同一只奉上祭坛的大鸟脱落的羽毛，低吟着壮烈的悲歌离去。

牡丹没有花谢花败之时，要么烁于枝头，要么归于泥土，它跨越萎顿和衰老，由青春而死亡，由美丽而消遁。它虽美却不吝惜生命，即使告别也要留给人最后一次惊心动魄的体味。

所以在这阴冷的四月里，奇迹不会发生。任凭游人扫兴和诅咒，牡丹依然安之若素。它不苟且、不俯就、不妥协、不媚俗，它遵循自己的花期自己的规律，它有权利为自己选择每年一度的盛大节日。它为什么不拒绝寒冷？！

天南海北的看花人，依然络绎不绝地涌入洛阳城。人们不会因牡丹的拒绝而拒绝它的美。如果它再被贬谪十次，也许它就会繁衍出十个洛阳牡丹城。

于是你在无言的遗憾中感悟到，富贵与高贵只是一字之差。同人一样，花儿也是有灵性，更有品位之高低的。品位这东西为气为魂为筋骨为神韵，只可意会。你叹服牡丹卓尔不群之姿，方知"品位"是多么容易被世人忽略或是漠视的美。

——节选自张抗抗《牡丹的拒绝》

第二节　用气发声训练

声音在人类生活中具有非常重要的意义。播音员、主持人、演讲者都要靠声音传递语言、交流思想。要想拥有一副好嗓子，让自己的声音具有美感和艺术性，能够在长时间的用声过程中不让嗓子受到损害，并能保持良好的用声状态，就需要长期地进行科学用气发声练习。

一、呼吸控制训练

俗话说，"气乃声之帅"，气息是声音的依托，是人体发声的动力。气息关系到声音的清晰圆润，影响到嗓音的持久和情绪的饱满充沛。要想掌握科学发声的方法，首先要进行呼吸控制训练。

（一）呼吸练习

（1）胸腹联合式呼吸法，靠肋骨和横膈膜共同运动完成，是胸式呼吸和腹式呼吸的联合运用。

训练方法：站直，双脚平稳着地，腰背挺直，平视前方。吸气时气流从口鼻自然流入，吸气无声，双肩不能耸立，将气流往下压，两肋张开，膈肌下降，腰围加大，感觉胖了一圈。吸气到七八成，小腹内收给气息一个支点。呼气时保持住腹肌的收缩感，膈肌肉与两肋不要马上放松，随着气息缓缓地自然送出，小腹逐渐放松。

（2）闻花香：想象自己身前有一盆很香的花，可不知是什么名字。闭上眼，微笑着，去闻，去分辨，去体会，然后用嘴巴缓慢均匀地呼出气息。（3~5次）

（3）门齿轻合，嘴唇咧开，舌尖抵下齿背，深呼吸一口气，然后从牙缝轻松地吐出"si"声。声音要求均匀平稳绵长，想象成一条细细的有弹性的丝线，从腹部垂直拉出。

（4）将自己的手掌面向自己，放在离嘴唇 10 厘米的地方，深吸气后，对着掌心持续地吹气。将气息控制好，让掌心感受自己平稳均匀的气流。

（5）深吸一口气，在推送气息时轻声快速地数出 1~10 十个数字，一口气反复数，直到气尽为止，看你能数多少遍。

（6）深呼吸一口气，推送气息时开始数枣儿："一个枣儿，两个枣儿，三个枣儿……"音量适中，语音清晰。

（二）结合发声呼吸练习

（1）练习高音、中音、低音，每组 3 次。

找自己的中音，深吸一口气，半打哈欠状，持续发 a 音，声带自如稳定振动，声音不飘不颤、平稳均匀，将气息用尽。

找自己的低音，深吸一口气，圆唇状，持续发 u 音，胸部共鸣强烈，声带自如稳定振动，声音平稳均匀，将气息用尽。

找自己的高音，深吸一口气，扁唇状，持续发 i 音，小腹有力，强控制，声带自如稳定振动，声音平稳均匀，将气息用尽。

（2）吆喝声要求气息深长，一口气一句话，有意识地将自己的声音传到很远的地方。

油炸鱼虾——臭豆腐　啤酒香烟——矿泉水

开班啦——　开船啦——　开饭啦——

（3）夸张成语练习，气息充足，声音洪亮，节奏缓慢，一口气一个。

万古长青　痛改前非　地大物博　五湖四海　举世无双

（4）夸张声调，延长发音。

暴风平地起　大海要翻腾

百万雄兵齐出动　今日一战定乾坤

（5）夸张四声顺序练习，体会气息上下走通的感觉：

ba　ba　ba　ba

pa　pa　pa　pa

ma　ma　ma　ma

（三）弹发训练

（1）一口气绷足，先慢后快地发出"嘿——哈、嘿——哈，（反复逐渐加快）嘿哈、嘿哈、嘿哈……"加快到气力不支为止，反复练习。（用你的食指跟中指触摸肚脐下两到三个手指头的位置，感觉腹部手指触摸的地方变硬，不会是软趴趴的感觉。）

（2）一口气一句，反复弹发"噼里啪啦，噼里啪啦……"，要有往前送的弹动感。

（3）数数弹发：

深吸气，发 1—2—3—4—5—6—7—8；

再吸气，发 2—2—3—4—5—6—7—8；

再吸气，发 3—2—3—4—5—6—7—8。

依此类推。每个数字跳跃灵动，有力弹出。

（四）呼吸控制综合训练

呼吸控制要做到：深、匀、通、活。深：吸气深，容量大。匀：呼气均匀流畅。通：运用自如，畅通无阻。活：随情感变化而灵活运动。

1. 慢吸慢呼

找一首舒缓、抒情的歌曲练唱，训练随旋律延长呼气发声的能力。

深呼吸，一口气将下面文字说完："零到一，一个一，一二三，三二一，一二三四五六七，七六五四三二一。六五四三二一，五四三二一，四三二一，三二一，二一，一个一。"

深呼吸一口气，开始数豆："金豆豆、银豆豆，比不过我家的黄豆豆，一颗豆、两颗豆、三颗豆……"声音适中，语音清晰，一口气用完看你能数到几颗豆。

深呼吸一口气，数青蛙："一只青蛙一张嘴，两只青蛙两张嘴，三只青蛙三张嘴……"

2. 快吸慢呼

看见有人在远处有危险，迅速吸气，大声呼喊："小兰……快回来…那里危险……快离开……"

天空突然下起暴雨，对院子里所有的住户呼喊："下雨啦，快收衣服。"

3. 快吸快呼

模仿小狗深吸气和吐舌，一直"哈哈哈哈"，胸口相对稳定，感觉肚子正不断发力往嘴里送气，熟练后动作渐渐加快。

数数——"一个、两个、三个、四个、五个、六个……"在每个"个"字的字尾和数次前面，进行偷气训练。

进行"前——左——前——右——前——上——前——下"的多个方位换气训练，一个方位一口气，动作要快，换气要快。

4. 换气训练，一句一口气
要想自己身体好，每天锻炼坚持跑。
要想自己学习好，上课认真不能少。
要想自己品德好，关爱他人不争吵。
要想自己心情好，不要生气活到老。

从秋夜的飘零中，我们读出了时节的改换。
从归雁的队伍中，我们读出了团体的力量。
从冰雪的融化中，我们读出了春天的脚步。

举头望明月，低头思故乡。
欲穷千里目，更上一层楼。
海上生明月，天涯共此时。

二、口腔控制训练

  口腔是人体发声的最后一部分通道，同接力赛中"最后一棒"的位置一样重要，是语音的制造场。在大脑的支配下，口腔中的唇、齿、舌、腭各咬字器官相互合作，形成了准确、清晰、圆润、集中、流畅的声音。没有口腔中各器官的有序配合，任何字音都不可能产生，所以，加强口腔控制训练对于吐字发音具有重要意义。

（一）"提、打、挺、松"，打开口腔基本训练法
提颧肌：张开大口同时展开鼻翼，动作到位，反复练习。
打牙关：首先做空口咀嚼，然后上齿刮舌面，反复练习。
挺软腭：夸张吸气训练，反复练习半打哈欠动作。
松下巴：模仿牙疼时说话的感觉："我的牙可真疼，得赶快找医生治疗。"
（提、打、挺、松四个步骤在具体训练和运用中要相互配合，整体协调。）

（二）口部操练习
训练目的：让我们的嘴巴说话更灵活，嘴唇舌头更有力度，表达更清楚。
第一节，伸唇。
动作要领：伸，双唇微闭，嘴唇用力地向前嘟起。收，双唇微闭，嘴角上扬，呈微笑状。

注意事项：动作标准，反复 5 次以上。

第二节，噘唇。

动作要领：双唇噘起，上下左右双唇变换方向。嘴画圆圈，顺时针逆时针各 5 次。

注意事项：双唇用力，反复 5 次以上。

第三节，扁嘴。

动作要领：嘴巴呈微笑状（不露牙齿），然后大笑，最大限度地张嘴（露牙齿），交替各做 5 次以上。

注意事项：动作要标准，不然达不到训练目的。

第四节，伸舌。

动作要领：将舌伸出唇外，舌体集中，舌尖向前、向左右、向上下尽力伸展。

注意事项：舌尖用力，反复 5 次以上。

第五节，顶舌。

动作要领：闭唇，用舌尖顶住左内颊、用力顶，似嘴里有糖状，然后用舌尖顶住右内颊做同样练习。左右交替，反复练习。

注意事项：动作要标准，反复 5 次以上。

第六节，绕舌。

动作要领：闭唇，把舌尖伸到齿前唇后，向顺时针方向环绕 360 度，然后向逆时针方向环绕 360 度，交替进行。

注意事项：动作要标准，反复 5 次以上。

第七节，唇打响。

动作要领：双唇紧闭内裹，用力后瞬间打开，连续发出声音。

注意事项：双唇用力，反复练习 10 次以上。

第八节，舌打响。

动作要领：舌尖抵住上颚，用力弹动舌头发出声响，使发出的声音明亮集中。

注意事项：舌尖用力，声响要大，声音集中，反复练习 10 次以上。

第九节，气泡音。

动作要领：声门闭合，气流从中均匀通过，发出一连串气泡似的声音，此训练可以用于发声前的准备和发音后嗓音的恢复。

（三）口腔控制综合练习

1. 口腔打开训练

练读以下韵母，结合提、打、挺、松训练法，实现对口腔打开的控制。

提：a　ao　an　ang　ou

打：iao　iou

挺：en　eng

松：u　ü

整体协调，打开口腔，四音节练习：

见多识广、相辅相成、响彻云霄，

扬长而去、浩浩荡荡、狂风暴雨，

千辛万苦、阳光大道、生龙活虎，

惊天动地、逍遥法外、喜极而泣。

2. 力量集中训练

八百标兵奔北坡，炮兵并排北边跑，炮兵怕把标兵碰，标兵怕碰炮兵炮。炮兵攻打八面坡，排排炮弹齐发射，步兵逼近八面坡，歼敌八千八百八。（双唇音，锻炼双唇力量。）

调到敌岛打强盗，强盗太刁投短刀，挡推顶打短刀掉，踏盗得刀盗打倒。楼头倒吊短单刀，单刀刀楼楼头吊。盗贼楼头盗单刀，对对单刀掉到道。（舌尖中音，锻炼舌尖力量。）

哥挎瓜筐过宽沟，赶快过沟看怪狗，光看怪狗瓜筐扣，瓜滚筐空哥怪狗。哥哥过河捉个鸽，回家割鸽来请客，客人吃鸽称鸽肉，哥哥请客乐呵呵。（舌根音，锻炼舌根力量。）

双唇紧闭，力量集中，堵住气流，喷气出声，反复练习：po—po—po　bo—bo—bo　mo—mo—mo

弹发：da-de-ta-te 音，反复进行。

连续发，锻炼舌体力量的集中度：ba—pa—ma—da—ta—na—ga—ka—ha—jia—qia—xia

3. 声挂前腭练习

弹发 bang—pang—mang—fang—dang—tang，感受声音呈一条抛物线沿上腭发出的路线。

有意识地将声音沿着软腭、硬腭的中纵线推到硬腭前部，反复练习：

```
ba    bi    bu
pa    pi    pu
ma    mi    mu
da    di    du
ta    ti    tu
na    ni    nu
```

调整气息,将声音集中送到口腔前部,不断加快练习:

哗啦啦,噼啪啪,刷啦啦,咕隆隆,当啷啷。

4. 吐字归音练习

字头叼住练习:

```
ba–bu–ba    pa–pi–pa    ma–mu–ma
fa–fu–fa    da–du–da    ta–tu–ta
na–nu–na    la–lu–la
ga–gu–ga    ka–ku–ka    ha–hu–ha
za–zu–za    ca–cu–ca    sa–su–sa
za–zu–za    ca–cu–ca    sa–su–sa
zha–zhu–zha    cha–chu–cha    sha–shu–sha
beng–ba–ba–ba–ba    beng–ba–ba
dong–da–da–da–da    dong–da–da
gong–ga–ga–ga–ga    gong–ga–ga
```

字腹立起、归音到位练习:

双音节

b 步兵   p 品牌   m 面貌   f 风范   d 大胆   t 天坛   n 南宁   l 拦路
g 广告   k 宽阔   h 黄河   j 季节   q 欠缺   x 学校   zh 注重   ch 出差
sh 水手 r 忍让   z 祖宗   c 此次   s 思索

四音节

百里挑一   百花齐放   包罗万象   堂堂正正   如鱼得水
返老还童   高朋满座   春色满园   全力以赴   天外有天

吐字归音绕口令练习:

一二三,三二一,

一二三四五六七,

七六五四三二一。
一个姑娘来摘李，
一个小孩儿来摘栗，
一个小伙儿来摘梨，
三个人一齐出大力。
收完李子、栗子、梨，
一起拉到市上去赶集。

吐字归音古诗句练习：
五花马，千金裘。
呼儿将出换美酒，与尔同销万古愁。
月落乌啼霜满天，江枫渔火对愁眠。
姑苏城外寒山寺，夜半钟声到客船。

三、喉部控制训练

如果说气息是发声的动力，口腔是调音区，那么喉部就是发声的声源区。一个人的声音是否好听，除了喉部构造的先天条件，发声方法是否科学是非常重要的。如果想提高声音的质量和美感，使发声更加持久、嗓音运用自如，那么就必须克服不良的发声习惯，加强对喉部的控制练习。

（一）喉头稳定训练

吞咽口水，感受喉头的上下移动，然后有意识地提起、降下喉头，反复练习，灵活控制。

发 a、o、e、i、u、ü 的延长音，体会喉头上下移动的感觉。

由一个元音的延长音过渡到另一个元音的延长音，保持喉头在发音时的稳定，并体会喉头上下移动的位移感。

a——i a——ü a——e
u——i u——ü i——o
i——ü ü——o a——o

（二）喉头放松训练

以叹气方法呼出，并不带出任何语音，体会喉部如何放松。

作打哈欠状，用嘴吸气，然后持续发 a 的延长音，感受声带放松时的感觉。

用发 a 的状态发气泡音，喉部放松，气息和气泡的弹发时间要均匀，大小要一样，发出的声音像从口腔里跑出一个个小气泡 a……a……a……a……a……

状态积极，情绪饱满，通过唇舌变化发出 6 个单元音，以此进行气泡音训练：a……o……e……i……u……ü……

调动情绪，设计不同语气，发带有 a、ya、ou、ai 音节的词语，体会喉部放松的感觉。

无奈：我牙疼啊。
惊讶：他又吐了？
疑惑：要去欧洲？
不屑：她又懊恼了？
不解：它是红的还是黄的？
赞叹：嗨，真是太强了！

调动情绪，设计不同语气，发带有 i、ü 音节的词语，体会喉部放松的感觉。

真诚：一定要一心一意。
惊喜：这里有件雨衣！
热情：女士请！
诚恳：一起去吧！
赞扬：他是一个非常细心的人！
感伤：好凄凉啊！

（三）喉部控制与呼吸控制、口腔控制的配合训练

弹发"a、i"，在交替弹发中，体会喉部放松和口腔与气息控制的配合。

进行"一，一二一，一，一二一……"弹发训练，声音要求从小到大，越来越高，感受喉头放松与口腔气息的配合。

数数，弹发"1、2、3、4、5、6、7、8、9、10，10、9、8、7、6、5、4、3、2、1"。声音由弱到强，再由强到弱，气息平稳，体会喉部从头到尾的相对松弛状态。

（四）嗓音拓展训练

(1) a音综合练习。

"a"音延长：提起颧肌，用中低声区发出，持续20秒，反复5次，逐渐延长时间，做到气匀、声稳。

"a"音由低到高（阶梯式）。

"a"音由小到大，由大到小（弱强式）。

"a"音环形上绕和环形下绕（螺旋式）。

"a"音直上直下（阳平、去声式）。

(2) 短句练习："伟大的祖国伟大的人民。"从自己的中音开始不断重复朗读，每一次都要比上一次提高一点音高，直到不能再高；再从自己的中音开始不断重复朗读，每一次都要比上一次降低一点音高，直到不能再低。

(3) 问好训练。通过设想听众人数变化来调整音量：当你面对一个人、一百个人、一万个人时，分别用三种不同音量来问好。

你好（一人）　　大家好（百人）　　大家晚上好（万人）

分别假设在1米处问答，20米处问答，100米处问答。

喂！诶！（1米）　　喂！诶！（20米）　　喂！诶！（100米）

(4) 从个人低音区开始发：hei—hei—hei……气息托住，小腹收紧，后腰撑起，由低音区向高音区过渡，到达高音区后逐渐降回低音区。

四、共鸣控制训练

共鸣主要是起到扩大音量、美化声音的作用。在语音艺术的运用中我们主要使用的是口腔、鼻腔、胸腔共鸣——以口腔共鸣为主、胸腔共鸣为基础、鼻腔共鸣为后备的声道共鸣。在进行共鸣控制时，合理控制和调节各部分共鸣在声音中所占的比例，就能达到既扩大音量又美化声音的目的。

（一）胸腔共鸣练习

用较低的声音发ha音，声音不要过亮，这时的声音是浑厚的，感觉是从胸腔发声的，如感觉不明显可以逐渐降低音高，也可以用手轻按胸部，用a做练习音。从高到低，从实声到虚声发长音，体会哪一段声音使胸腔振动强烈，然后在这一声音段做胸腔共鸣练习。一般来说，较低而又柔和的声音易于产生胸腔共鸣。

夸张上声（三声）练习，体会胸腔共鸣的感觉：
老　给　好　跑　早　采　小　巧　保　脑

练习下列含有 a 音的词。（a 开口度大，易于产生胸腔共鸣）
百炼成钢 bǎi—liàn—chéng—gāng　翻江倒海 fān—jiāng—dǎo—hǎi

用适当的音量练习下面的短诗，注意加强韵脚的胸腔共鸣：
春眠不觉晓，处处闻啼鸟。
夜来风雨声，花落知多少。

文段练习：
其实幸福和世界万物一样，有它的征兆。
你不要总希望轰轰烈烈的幸福，它多半只是悄悄地扑面而来。
你也不要企图把水龙头拧得更大，那样它会很快地流失。
你需要静静地以平和之心，体验它的真谛。

（二）口腔共鸣练习
六个单元音发音转换练习，一口气完成，中途不换气，注意呼吸要平稳，共鸣状态要统一稳定。
　　a——i——o——u——e——ü——

软腭挺立，打开牙关，发 ai—ei—ao—ou，体会声挂硬腭前部的感觉。

结合气息做韵母拼合练习：
(1)　bā　dā　gā　pā　tā　kā
(2)　pēng　pā　pī　pū　pāi　pāi　pū　pī　pā　pēng
(3)　b—a—bā　p—a—pā　b—an—bān　p—an—pān

练习以下词语，体会口腔共鸣：
拍打　乌鸦　汪洋　小鸟　打扰　高帽　宣纸　报告

诗句练习，体会口腔共鸣：
钟山风雨起苍黄，百万雄师过大江。

乘风破浪会有时，直挂云帆济沧海。

文段练习：

天空变成了浅蓝色，很浅很浅的；转眼间天边出现了一道红霞，慢慢儿扩大了它的范围，加强了它的光亮。

她有丁香一样的颜色，丁香一样的芬芳，丁香一样的忧愁，在雨中哀怨，哀怨又彷徨。

（三）鼻腔共鸣练习

模仿消防车警报声，进行开口哼鸣和闭口哼鸣，体会"面罩"般的感觉。

发 a 音，同时运用软腭下降将元音部分鼻化，体会鼻腔共鸣。

夸张慢速拼读以下音节和词语，体会从鼻腔开始发声的感觉。

m—a—ma ma ma

m—o—mo mo mo

m—i—mi mi mi

m—u—mu mu mu

妈妈　买卖　麻木　眉目　命名　美满

朗诵《静夜思》，体会鼻腔共鸣：

床前明月光，疑是地上霜。

举头望明月，低头思故乡。

绕口令练习，借助 m 和 i 来熟悉鼻腔共鸣的控制：

白猫黑鼻子，黑猫白鼻子，黑猫的白鼻子，碰破了白猫的黑鼻子，白猫的黑鼻子破了，剥了秕谷壳儿补鼻子，黑猫的白鼻子不破，不剥秕谷壳儿补鼻子。

文段练习：

朝霞冉冉升起，东方透出微明。你听，你听！国旗的飘扬声。

蓝蓝的天上白云飘，白云下面马儿跑，挥动鞭儿响四方，百鸟齐飞翔。

（四）共鸣控制综合训练

发 a 或 i 的绕音，想象声音行走在规则的盘山公路上，由上往下，再由下往上，喉部放松。

身体站直双手叉腰,深吸一口气到腹腔,感觉腹腔鼓胀到最大限度后,放松嗓子,声音从高到低均匀用气,依次到头腔、鼻腔、口腔、咽腔和胸腔发出"嗯""啊"声。

三腔共鸣的训练:
(1) 夸张四声练习。
选择韵母音素较多的成语或词语,运用共鸣技能作夸张声调的训练:山—明—水—秀,黑—白—分—明,融—会—贯—通。
(2) 大声呼唤练习。
假设一个目标在80~100米处,呼唤:
老王,等一等!苗苗,早点回家!
呼唤时,注意控制气息,并注意延长音节,体会三腔共鸣。
(3) 绕口令练习。
桃子李子梨子栗子橘子榛子载满院子村子和寨子,蚕丝生丝熟丝缫丝染丝晒丝纺丝织丝自制粗丝细丝人造丝。
名词动词数词量词代词助词连词组成诗词唱词和快板词。
提示:绕口令中间略微停顿,快速收气,进行补气练习。放慢语速,声音洪亮,体会共鸣效应。

五、声音弹性的训练

声音的弹性就是声音对人们变化的思想感情的适应能力,就是声音随感情变化而来的可变性。播音员、主持人、演讲者的声音如同画家手中的调色板,色彩越丰富,对不同感情的适应性就越强。要让声音具有极强的适应能力和造型能力,就需要做到"刚柔并济,虚实结合"。

(一) 声音虚与实的练习(体会喉部在发柔和虚声与明亮实声两种状态下不同的感觉)(音色变化练习)

a(实声)——a(虚声)
o(实声)——o(虚声)
e(实声)——e(虚声)
i(实声)——i(虚声)
u(实声)——u(虚声)
ü(实声)——ü(虚声)

（二）声音高与低的练习（音高变化练习）

海内存知己，天涯若比邻。

心有多大，舞台就有多大。

每一次都要比上一次提高一点音高；可以想象声音分别在五个高度发声：井底、地面、桌面、天花板、蓝天白云之上。

（三）声音强与弱的练习（音强变化练习）

喊人名：阿毛

（1）假设屋里有人睡觉，你要小声叫"阿毛"。

（2）假设"阿毛"在你跟前。

（3）假设你在屋里，"阿毛"在院子里。

（4）假设"阿毛"在河对面。

（5）假设"阿毛"在山那边。

声音由小到大，由弱到强：

悄无声息

先闻其声

声如洪钟

人声鼎沸

风声鹤唳

情感从亲切过渡到激动，声音从柔和过渡到高亢：

我爱我的生活，

我爱我的朋友，

我爱我的家人，

我爱我的家乡，

我爱我的祖国！

（四）音长变化练习

（1）用正常速度播读下面消息，体会字音音程长短的控制。

2009年2月16日，古寨中学正式开学。古中学生很快适应了学习生活，并在新学期体现出了应有的新气象。2月16日，分别了一个寒假的古中学生步入校园，在教室中畅谈起来。同学们很快就投入了新学期的学习生活，古寨中学的上空回荡着朗朗的读书声。2月17日，即开学第二天，学校德育处组织了学生会纪检部全体成员，对在校学生进行了仪容仪表的全面检查。在学生会同学的督促下，大家整理了发型、服装，恢复了学生的状态。各班班主任都组织了"新学期，新目标"的主题班会，同学们都确定了恰当的目标，并下决心为之全力奋斗。老师们也专心工作，营造了良好的学习氛围。校园又呈现出了繁忙充实的努力景象。

（2）快板和贯口练习，由正常语速开始，到贯口词处加快速度，气息通畅自如，吐字干净利落，感情起伏扬抑。

各位朋友大家好，我来上台做介绍，
别看我，年龄不大个儿不高；
但是我，口齿伶俐嘴巴巧。
从小能说又会道，妙语好似连珠炮，
能言善辩呱呱叫，出口成章不得了。

我喜欢：
唱歌跳舞学画画，舞台表演也不差；
敢说乐说巧表达，美丽就像一朵花。
我还喜欢游名胜，去过热闹的长安城。

还记得，那街上：
车水马龙、人来人往、三教九流、五行八作、僧门两道、回汉两教、男男女女、老老少少、做买做卖、骑马坐轿，推车的、担担的、锯锅的、补罐的、卖针的、卖线的、卖葱的、卖蒜的，五花八门，应有尽有！

（五）声音明与暗的练习

一句暗沉，一句明朗，相互交替，对比朗诵：
有的人活着，他已经死了；
有的人死了，他还活着。
有的人骑在人民头上："呵，我多伟大！"
有的人俯下身子给人民当牛马。
有的人把名字刻入石头，想"不朽"；
有的人情愿作野草，等着地下的火烧。
有的人他活着别人就不能活；

有的人他活着为了多数人更好地活。
骑在人民头上的人民把他摔垮；
给人民作牛马的人民永远记住他！
把名字刻入石头的名字比尸首烂得更早；
只要春风吹到的地方到处是青青的野草。
他活着别人就不能活的人，他的下场可以看到；
他活着为了多数人更好地活着的人，
群众把他抬举得很高，很高。（臧克家《有的人》）

（六）声音色彩变化的练习
通过声音高低、虚实、明暗、强弱的对比变化，塑造故事中动物的生动形象：

小兔子该上床睡觉了，可是他紧紧地抓住大兔子的长耳朵不放。他要大兔子好好听他说。"猜猜我有多爱你。"他说。大兔子说："哦，这我可猜不出来。""这么多。"小兔子说，他把手臂张开，开得不能再开。

大兔子的手臂要长得多，"我爱你有这么多。"他说。嗯，这真是很多，小兔子想。"我的手举得有多高我就有多爱你。"小兔子说。"我的手举得有多高我就有多爱你。"大兔子说。这可真高，小兔子想，我要是有那么长的手臂就好了。小兔子又有了一个好主意，他倒立起来，把脚撑在树干上。"我爱你一直到我的脚趾头。"他说。大兔子把小兔子抛起来，抛得比自己的头顶还高，"我爱你一直到你的脚指头。""我跳得多高就有多爱你！"小兔子笑着跳上跳下。"我跳得多高就有多爱你。"大兔子也笑着跳起来，他跳得这么高，耳朵都碰到树枝了。

这真是跳得太棒了，小兔子想，我要是能跳这么高就好了。"我爱你，像这条小路伸到小河那么远。"小兔子喊起来。"我爱你，远到跨过小河，再翻过山丘。"大兔子说。这可真远，小兔子想。他太困了，想不出更多的东西来了。他望着灌木丛那边的夜空，没有什么比黑沉沉的天空更远了。"我爱你一直到月亮那里。"说完，小兔子就闭上了眼睛。"哦，这真是很远，"大兔子说，"非常非常的远。"大兔子把小兔子放到用叶子铺成的床上。他低下头来，亲了亲小兔子，对他说晚安。然后他躺在小兔子的身边，微笑着轻声地说："我爱你一直到月亮那里，再回到你身边。"（山姆·麦克布雷尼《猜猜我有多爱你》）

（七）基调的变化练习

基调，是指稿件中总的感情色彩和分量以及播音员的具体态度。

1. 清新舒展地

用偏小音量，声音柔和、抒情，气息深而长。

春天——春意盎然，生机勃勃。

提示：充满新鲜感，有和煦阳光照在身上，春风拂面的感觉。

春天，大地从寒冬里苏醒复活过来，／被人们砍割过陈旧了的草木桩上，又野性茁壮地抽出了嫩芽。／不用人工修培，他们就在风吹雨浇和阳光的抚照下，生长起来。／这时，遍野是望不到边的绿海，／衬托着红的、白的、黄的、紫的……种种野花卉，／一阵潮润的风吹来，／那浓郁的花粉青草气息，直向人心里钻。／无论谁都会把嘴张大，／深深地向里呼吸，／痛饮甘露似的感到陶醉、清爽。

2. 高亢明亮地

要求声音庄重大方，吐字力度均匀，字正腔圆，粒粒外送，有穿透力，气息稳定、扎实、托底。

看哪！人人脸上挂着喜悦的眼泪，个个兴高采烈，流水发出欢笑，山岗也显得年轻。他们在倾听，倾听，倾听着毛主席震撼世界的声音：中华人民共和国成立了！中国人民从此站起来了！（音乐舞蹈史诗《东方红》朗诵词）

3. 热情赞美地

要求声音柔中有刚，咬字力度大而不塞，气息深而不断流。

赞美你呀！大庆的秋天，你像神奇的彩笔挥洒而成的巨幅画卷，你秋日的景色竟是这样五彩缤纷。草地上，一片鹅黄，一片嫣红，一片靛蓝，一片丹青……你浑似一篇气势雄伟的锦绣文章，读着你不能不引人思索，思索着大庆人，思索着整个中国工人阶级，它的意志，它的力量，它的业绩，它的襟怀和理想。

4. 义正词严地

要求声音以刚为主，以实声为主，坚定有力结实；吐字颗粒饱满，字正腔圆；气息沉稳、扎实，有丹田气座支撑托声而出。

好个"友邦人士"！日本帝国主义的军队强占了辽吉，炮轰机关，他们不惊诧。／阻断铁路，追炸客车，捕禁官吏，枪毙人民，他们不惊诧。／中国国民党治下的连年内战，空前水灾，卖儿救穷，砍头示众，秘密杀戮，电刑逼供，他们不惊诧。／在学生的请愿中有一点纷扰，他们就惊诧了！

好个国民党政府的"友邦人士"！是些什么东西！（鲁迅《"友邦"惊诧论》）

5. 低沉悲痛地

要求用声较暗弱、低沉偏虚；胸腔共鸣较多；节奏偏慢，字音缓缓送出；有时声伴字、字伴气哭泣而出，断断续续发音；气有时颤抖，有时叹息。

总理的灵车缓缓地开来。灵车四周挂着黑色和黄色的挽幛，上面佩着大白花，庄重、肃穆。人们怀着沉痛的心情，尾随着灵车移动。灵车所到之处，像是一个无声的指挥。老人、孩子、青年都不约而同地站直了身体，摘下了帽子，向灵车致敬，哭泣着，顾不上擦去腮边的泪水，舍不得眨一眨眼睛。人们心里都在深深地默念着："敬爱的周总理，我们想念您啊，想念您！您永远在我们心里，永远活在人们心中！"（吴瑛《在沉痛悼念的日子里》）

6. 轻松活泼地

要求用声较偏前、音高柔和；口腔状态较放松，舌头较灵活；字音弹发快而饱满；气息灵活变化多；抒情昂扬向上。

柳条儿青，柳条儿长，柳条儿随风在摇荡，摇来了春天，摇来了小鸟，摇得那湖水闪闪亮。

柳条儿青，柳条儿长，柳条儿随风在摇荡，我做支柳笛吹起来，嘀哪哪像小鸟儿在歌唱。

柳条儿青，柳条儿长，柳条儿随风在摇荡，请来姑娘荡秋千，秋千挂在柳条儿上。（金波《柳条儿青，柳条儿长》）

7. 低沉压抑地

要求用声较暗弱、偏沉，字伴着叹息发出，咬字迟滞，气息沉缓，伴有句中顿挫或句间停歇等。

月牙儿，像把梳子挂在半空。人们都说月亮是位最善良、最好伤心和最易受感动的姑娘。谁有什么不幸和哀愁，她总是怜悯地注视着你，有时还会流下泪来！想必她这时是不忍心去看那不幸的人们吧？所以才掩住半个脸；但她那朦朦胧胧的淡光，还是同情地从窗户棂间射进来。黑暗的屋子，也变得灰白起来。（冯德英《苦菜花》）

8. 骄傲自豪地

要求声音宽厚明亮开阔抒情；吐字清晰饱满，圆润集中；语势昂扬舒展；气息深厚、扎实、通畅。

多么平坦，多么广阔，无边无际的原野，从眼前向四面八方伸展开去，直到那渺茫的尽头，远与天接。望着你，怎能不心旷神怡，豁然开朗！你啊，襟怀坦荡，气度恢弘的草原！

9. 深沉宁静地

要求声音偏暗、虚、柔和；吐字清晰，颗粒性强；节奏偏慢、控制音长；气息深、匀。

将圆未圆的明月，渐渐升到高空，一片透明的灰云，淡淡地遮住月光，田野上面，仿佛笼起一片轻烟，朦朦胧胧，如同坠入梦境。晚云飘过之后，田野上烟消雾散，水一样的清光，冲洗着柔和的秋夜。

10. 精神振奋地

要求声音以实声为主、高亢明亮；咬字力度强，清晰度高，清脆响亮；气息深厚、扎实，有丹田支点；节奏明快，昂扬向上。

中华体育健儿近日连连为祖国争光，他们在一系列国际比赛中所表现的精神风貌和高超技艺多么激动人心啊！

"我们中华民族'有自立于世界民族之林的能力'。"

"团结起来，振兴中华！"这是十几亿中国人的共同心声！

11. 深切缅怀地

要求声音偏暗、较低沉、柔和；吐字音节较长，清晰度高，节奏缓慢，声音吐字伴随着记忆感情线向前滚动送出，含蓄，如珠如流；气息深沉、舒缓、均匀。

那是一九七六年。已经四月初了，冬天好像还没有过去，北风刮得正紧。一个星期天的下午，爸爸妈妈拉着我的手，向天安门广场走去，我们胸前都戴着一朵小白花。天安门广场上，花堆成了山，人汇成了海。我们随着送花圈的队伍，缓缓地走向人民英雄纪念碑。密密层层的花圈，把纪念碑四周的白玉栏杆都遮住了。一层层的人肃立着，谁也不做声，脸上都挂满晶莹的泪珠。

我们走到纪念碑南边。爸爸低声告诉我，碑上的金字是周恩来爷爷亲笔写的。爸爸脱下了帽子，妈妈摘下了头巾。他们低头向周爷爷默哀。我也低下头，轻轻地说："敬爱的周爷爷，我们想念您，您永远活在我们心中。"说着，我忍不住哭了，妈妈拉着我的手，向纪念碑下面的松树林里走去。松树上好像积了厚厚的雪，松枝上系着几千朵小白花。我们也把胸前的小白花摘下来，系在树枝上。

天渐渐暗下来，北风刮得更紧了。我们默默地离开了天安门广场。(《小白花》)

12. 热情风趣地

对故事中出现的三个人物，要求用不同的声音色彩分别表现其各自的"神态"。

大爷的性格较粗犷、豪放，用声应偏后、松、粗亮通畅，吐字应字正腔圆、颗粒性强；气息扎实深厚；语言富有幽默感。

大娘的声音稍偏后、发扁，呈扁枣核儿型。气息较浅，稍提高嗓门儿。

小洪的声音偏前、明亮、稍发颤，吐字快而硬，气息浅，不够均匀。这样一来，讲述就易绘声绘色，听者也觉津津有味了。

七月初的一天，在辽宁省海城县一个山村里。住在张大伯家的某部侦察排的战士们刚刚起床，就看见房东张大爷气冲冲地走进屋来。张大爷绷着脸问道："昨天，你们谁进了我家东菜园，把菜弄得乱七八糟？"一句话把全排战士都问怔了，互相看了看，谁也没吭声。

这时候，有一个小战士脸一下子红到了耳根。他叫洪松彪，是今年才入伍的新战士。原来，昨晚上他悄悄跑到菜地里，帮张大爷干活的。小洪心里直打鼓，他想，是不是我铲地的时候伤了苗？是不是水浇多了淹了菜？小洪越来越不安。这时候，张大娘又跑进来火上浇油地说："老头子，别跟他们说了，咱们去找指导员说个清楚。"话音未落，就拉着张大爷的袖子往外走。

刚刚十八岁的洪松彪，哪见过这个场面啊，小伙子沉不住气了，马上开口说："大爷，大娘别发火，昨天是我跑到菜地里去的。我看你们二老年纪大，大爷成天忙着集体的事儿，顾不了家，就抽空帮你们干了点活。谁知道我不会干，给你们添了麻烦，真对不起你们，有多大损失我一定赔。"说着伸手掏钱包。

张大爷看到这个情景，倒哈哈大笑起来。大娘也跟着笑起来．疼爱地拉着小洪的手说："孩子你受委屈了。"小洪纳闷地抬起头看着两位老人，张大爷得意地说："孩子，你中计了，从打你们到我们村来搞训练，给大家伙干了那么多好事，可我们就是不知道谁干的，昨晚上我和你大娘一合计呀，就想出这个小计策来。果不出我所料，你们还真中计了。"

全排战士这才恍然大悟，和张大爷张大娘一起笑了起来，洪松彪这个虎头虎脑的小伙子却像大姑娘似的，羞涩地低下了头……（《中计》）

13. 启发诱导地

声音以实为主，较亲切柔和；态度积极，热情诚恳；吐字清晰度要高，字音饱满；气息深长，舒缓而平和。

亲爱的朋友！任何一个有志气的青年，都希望自己的青春能够闪闪发光，都希望自己的一生活得很有意义，成为一个对社会历史前进有所贡献的人，而不至成为历史累赘甚至历史的罪人。如果是这样，你就应该坚定地树立起共产主义的人生观，按照这种革命的人生观，安排好自己的人生！

保尔说得好:"人最宝贵的是生命,生命对每个人只有一次,人的一生应当这样度过:回忆往事时,他不会因为虚度年华而悔恨,也不会因为生活庸俗而羞愧;临死的时候他能够说:我的整个生命和全部精力,都献给了世界上最壮丽的事业——为解放全人类而斗争。"让我们用这段光彩夺目的话来激励和鞭策自己,成为一个无愧于我们时代的高尚的人。

14. 坚定昂扬地

要求由始至终声音结实,吐字有力、气息扎实。

任脚下响着沉重的铁镣,
任你把皮鞭举得高高,
我不需要什么自白,
哪怕胸口对着带血的刺刀!
人,不能低下高贵的头,
只有怕死鬼才乞求"自由";
毒刑拷打算得了什么?
死亡也无法叫我开口!
对着死亡我放声大笑,
魔鬼的宫殿在笑声中动摇;
这就是我——一个共产党员的自白,
高唱凯歌埋葬蒋家王朝!(陈然《我的"自白"书》)

15. 亲切自然地

要求亲切、自然、口语化,有直接交流感。用声形式以实声为主,较弱、柔和;吐字清晰流畅,气息量偏小,舒缓平和。

流泪最多的情况是哭。哭,是一种安全、健康的发泄自己的强烈感情的方法。否则,强压于体内,它终究要以其它带有危险性的方式表现出来。某医生见过一起病例,一个内向的女人,遇到感情大波动时,常常会全身起疙瘩,而有一次,她大哭了一场则没有事。医生还发现,由于父母不让婴孩啼哭,孩子就经常用哮喘的方式来引起父母的注意。实际上,啼哭是婴孩发育的一个组成部分。哭,不仅可以扩大婴孩的肺活量,而且可以增强将来用以说、唱的肌肉组织,这也是学会说话以前,婴孩向大人表达思想的一种方式。

16. 庄重严肃地

要求用声偏厚,实声为主,音色偏高些;吐字力度强,干脆利索、清晰度高、颗粒性强;节奏明快,勿拖泥带水;态度严正明朗。

新华社消息:外交部新闻发言人今天下午发表谈话说,中国政府和人民对南非军队6月14日入侵博茨瓦纳首都哈博罗内表示极大的愤慨和强烈地谴责。

发言人指出，南非当局对博茨瓦纳的袭击不是一个孤立事件。事实一再证明，南非当局顽固地坚持破坏邻国稳定和种族主义政策是南部非洲局势动荡不安的根源。

他说：南非当局种种倒行逆施，只会激起非洲国家和人民更加强烈的反抗和更大的义愤。博茨瓦纳、安哥拉和莫桑比克等非洲前线国家反对种族主义、维护国家主权和领土完整、支持纳米比亚人民争取独立的斗争，得到全世界所有主持正义的国家和人民的同情和支持。中国政府和人民将一如既往，坚定地站在非洲国家和人民一边，坚决支持他们的正义斗争。

17. 批评教育地

要求以实声为主，音色偏中，叙述清楚，刚中有柔；气量有小幅度变化，吐字力度稍强；态度要鲜明。

本台消息：北京市标准计量局前天公布，三季度对本市38个企业生产的无线电元件、棉纱、中学课本、铁皮玩具、自动化仪表、啤酒等11类52种产品的质量监督抽查中，有39种产品合格，13种产品不合格，合格率为75%。

从抽查结果来看，中学课本的质量问题较严重，抽查的8个企业的中学课本只有北京印刷一厂的合格。存在的问题主要是坏字、丢字以及图字粘连、粘坏，无法阅读。在装订方面更为严重，有破页、坏钉、折角以及前后颠倒、散本等。

18. 悲愤激昂地

要求用声偏刚；吐字力度强，颗粒饱满，字正腔圆；气息深厚、扎实。

怒发冲冠，凭栏处，潇潇雨歇。抬望眼，仰天长啸，壮怀激烈。三十功名尘与土，八千里路云和月。莫等闲，白了少年头，空悲切。靖康耻，犹未雪；臣子恨，何时灭！驾长车，踏破贺兰山缺。壮志饥餐胡虏肉，笑谈渴饮匈奴血。待从头，收拾旧山河，朝天阙。（岳飞《满江红》）

19. 热情歌颂地

要求用声较深沉，柔中有刚；吐字力度强，语速较慢，重音突出；气息控制有幅度变化，较深厚；要有发自内心的敬佩之情。

每一个患者在病魔的折磨中，都会感到护士的亲切温暖，她为你的痛苦而焦虑，为你的痊愈而欢欣。接你进来的时候，和你一样愁眉不展，送你出去的时候，和你一样笑容满面。她，为了生命的安全，为了病人的早日康复，精心守护，日夜不眠；她，不为名图利，用自己的生命和热情，和大夫一道使无数垂危的生命，起死回生，转危为安；她，默默无闻地为患者贡献出自己的青春、智慧和心血。护士的这种高尚品德，我们各行各业的人们无不起敬肃然。

20. 热烈欢呼地

要求用声偏高、明亮、开阔、豪放、有气魄；吐字力度大，口腔开度大；气息深厚，气量强弱控制有大幅度变化，切忌提、挤着嗓子高喊。

随着暴风雨般的掌声，陈镜开踏上了举重台。

他在杠铃面前又作了一次深深的呼吸，全场安静得只听见电影摄影机卷动胶片的"吱吱"声，三千多人都能够清楚听见自己的心在猛烈地跳动。一瞬间，他把杠铃提起来了，翻在胸前锁骨的前面，他猛然一举，只听见一声吼叫，一百五十一点五公斤，几乎比陈镜开的体重重三倍的杠铃高高地举在头顶。

新的世界纪录又诞生了……

六、情气声结合训练

播音中的"情""声""气"，情是主导、是统帅，是内在的；而声音、气息则是被引导、被统帅的，是外在的。

情是内涵，是主导；

声是形式，是载体；

气是动力，是桥梁。

气随情动，声随情出，气生于情而融于声。

"情"要取其高，"气"要取其深，"声"要取其中，以达到字正腔圆、清晰持久、刚柔自如、声情并茂的境界。

"情"不仅仅是由具体稿件或话题引发的，更是一种深入生活、文化积淀的体现。

朗诵下面的古诗和现代诗歌，情要取其高，声要取其中，气要取其深，以达到字正腔圆、清晰持久、刚柔自如、声情并茂的境地。

望庐山瀑布

（唐）李白

日照香炉生紫烟，遥看瀑布挂前川。

飞流直下三千尺，疑是银河落九天。

生活是一首诗

生活是一首诗，即使风吹雨打也有故事的味道。

蓝天也有水晶的颜色，白云也能变成飞雪。

飞鸟吐雾也能看出别样岁月,苍火祥云也能映射激情芬芳。

岁月啊,

也就是这样走的,

生活啊,也就是这样过的。

欣赏吧,生活这首长诗,必能给你无穷的快乐。

第三节　语言表达技巧训练

想要把播音主持的文字稿件变成有目的、有感情、有对象的有声语言,就必须加强备稿(划分层次、概括主题、联系背景、找出重点、确定基调等)以及"情景再现、挖掘内在语、捕捉对象感"内部技巧与"停连、重音、语调、节奏"外部技巧的训练。按照播音主持内外表达技巧的训练要求来进行磨炼,对演讲口才能力的提升会起到良好的推动作用,能促使演讲者在演讲的过程中做到抑扬顿挫、生动有趣,让自身的演讲更好地传递思想情感,富有感染力;让我们在日常工作生活的交谈中能够更好地传递所要表达的思想内容,促使交流语言生动、有趣、巧妙、有效,让口才的魅力在沟通中体现出来。

一、语言表达内部技巧

情景再现、挖掘内在语、捕捉对象感,是从备稿到播音主持过程中使思想感情处于运动状态的三种重要方法,我们称之为"内部技巧"。稿件中有形象性内容时,我们要用心感受形象,运用情景再现技巧,使语言在艺术创作中富于鲜明性;当稿件中有逻辑性内容时,我们要在感受逻辑的基础上,挖掘其内在语,使语言艺术创作富于严谨的逻辑性;捕捉对象感则帮助我们把稿件更积极、更生动、更清晰、更完美地表达出来,传播到受众的耳朵里、心坎上。

(一)情景再现

情景再现是指依据稿件材料展开联想、想象,产生较为具体的心理感受,并体味其中的景和情;尤其要注意语言中的形象感受,如对视觉、听觉、嗅觉、味觉、触觉、时间觉和空间觉、运动觉及综合感知的把握。

(1)锅里的水吱吱地响,老大娘里屋外屋地忙,烧完热水,又端饺子又端鸡蛋,香味伴着腾腾的热气在屋里弥漫。

(2)小草偷偷地从土地里钻出来,嫩嫩的,绿绿的。园子里,田野里,瞧去,一大片一大片满是的。坐着,躺着,打两个滚儿,踢几脚球,赛几趟跑,捉几回迷藏。风轻悄悄的，草软绵绵的。

——节选自朱自清《春》

（3）在一只渔舟上，我们大开了眼界。一个白发老渔人从舱里捧出一捧珍珠来，只见那捧珍珠，有大如羊奶子头儿的，有小如红豆的，光彩夺目，熠熠生辉。

（4）正当我们尽兴而返的时候，天渐渐黑了。霎时间，四面八方，电灯明亮，像万千颗珍珠飞上了天。这排排串串的珍珠，叫天上银河失色，叫满湖碧水生辉。

（5）一场夜雨，洗落了高原上的满天尘沙。天蓝得出奇，碧澄的湖水也为之逊色。天空燃烧着朝霞，像一簇簇盛开在山尖的红花，一群苍鹰刚健地在云边飞旋，越飞越高。清凉的晨风夹带着野花和奶子的香味儿，扑鼻而来，沁人心脾，呵，多美丽的早晨呀！

——节选自袁鹰《雪莲》

（6）海岸的青松啊，风卷波涛；江南的桂花啊，香满大道；草原的骏马长了肥膘；东北的青山啊，戴了雪帽！

——节选自郭小川《秋歌》

（7）桃树、杏树、梨树，你不让我，我不让你，都开满了花赶趟儿。红的像火，粉的像霞，白的像雪。花里带着甜味；闭了眼，树上仿佛已经满是桃儿、杏儿、梨儿。花下成千成百的蜜蜂嗡嗡地闹着，大小的蝴蝶飞来飞去。野花遍地是：杂样儿，有名字的，没名字的，散在草丛里像眼睛，像星星，还眨呀眨的。

——节选自朱自清《春》

（8）十月的泉城，金风送爽，瓜李飘香。今天，济南市各大公园处处鲜花盛开，处处欢歌笑语。大明湖公园五万盆鲜花含苞怒放，五龙潭、趵突泉公园举行了杂技和京剧演出活动。不久前开始免费向社会开放的植物园里，更是人山人海，喜气洋洋，在园里的音乐广场上，老年人跳起了欢快的大秧歌，抒发他们内心的喜悦。

（9）大雪整整下了一夜。今天早晨，天放晴了，太阳出来了。推开门一看，嗬！好大的雪啊！山川、河流、树木、房屋，全都罩上了一层厚厚的雪，万里江山，变成了粉妆玉砌的世界。落光了叶子的柳树上挂满了毛茸茸、亮晶晶的银条儿；而那些冬夏常青的松树和柏树上，则挂满了蓬松松、沉甸甸的雪球儿。一阵风吹来，树枝轻轻地摇晃，美丽的银条儿和雪球儿簌簌地落下来，玉屑似的雪末儿随风飘扬，映着清晨的阳光，显出一道道五光十色的彩虹。

——节选自峻青《第一场雪》

（10）将圆未圆的明月，渐渐升到高空，一片透明的灰云，淡淡地遮住月光。田野上面，仿佛笼起一片轻烟，朦朦胧胧，如同坠入梦境。晚云飘过之后，田野上烟消雾散，水一样的清光，冲洗着柔和的秋夜。

（二）内在语

内在语是指稿件作品中文字语言所不便表露、不能表露、没有完全显露出来的语句关系和语句本质。播音员、主持人不能以稿论稿，要挖掘文字背后的深意，把不便表露、不能表露和没有完全显露出来的语句关系明晰起来，把稿件作品中的话变成自己心里要说的话，传达给受众。

内在语并不出现在播音员、主持人的有声语言中，它是播音员、主持人的心中意念，是思维和感情运动的体现，对有声语言的表达起着引发、深化的作用，能激活有声语言，使之富有深刻的内涵和生命的活力。

（1）梅兰芳开始学艺的时候，老师和同辈都以为他有某些"先天不足"的地方，例如目光显得呆滞。但是，梅兰芳并不灰心丧气。为了锻炼眼神，他喂鸽子、养金鱼，练习"仰观俯视""跟踪循迹"的功夫。他坚持不懈，终于，他那双眼睛达到"神采飞扬"的艺术高度。

——节选自小学二年级语文课文《梅兰芳学艺》

（2）从前，有一个皇帝特别喜欢弹琴，弹琴成了他的唯一的嗜好。可是他弹不成调，听的人简直无法忍受。他在皇宫找不到一个知音，十分苦恼。有一天，皇帝忽然想出了一个主意。他叫太监找来一个等待处死的犯人，对他说："只要你说我的琴弹得好，我就免你一死。"皇帝开始弹琴，犯人站在一旁听着。一曲未尽，犯人便跪在地下请求："圣君，求您别再弹了，奴才宁愿早死！"

（3）一个吝啬的老板叫女仆去买酒，却没给她钱。女仆问："你不给钱怎么买酒？"老板说："拿钱去买酒，这是谁都能办到的，如果不花钱能买到酒，那才是有能耐的人。"一会儿，女仆提着空瓶回来了。老板十分恼怒，责骂道："你让我喝什么？"女仆说："从有酒的瓶中喝到酒，这是谁都能办到的，如果能从空瓶里喝到酒，那才是真正有能耐的人。"

（4）四川悠久的历史、广阔的土地、深厚的社会生活，打开了艺术家的视野，他们从天子权贵写到黎民百姓，从落魄公子写到侠义小姐，从宫廷殿堂写到酒肆茶楼，从渔舟唱晚写到民歌物俗，从细雨霏霏写到晴空丽日，就连那碧绿的稻秧、葱茂的篁竹、疏疏落落的花径茅舍，都被融进了川戏的剧目中，大概这便是川剧剧目丰富的原因吧。

(5) 有"斜眼病"的人看人看事确实是很邪的，他们可以把"正"看成"歪"，把"是"看成"非"，随意歪曲事物的本来面目，以邪气杀人为快。此类"斜眼病"的根源在于嫉妒。这种病态心理一旦形成，邪念则油然而生，那就是：忌恨一切比自己美好的东西，我不具备的你有了，我就千方百计地诋毁你，让你不得安宁。怀有嫉妒心的人大概忘了一个法则：一心想丑化别人的人，弄不好自己会落得一身不干净。

(6) 贝多芬走近茅屋，琴声忽然停了，屋子里有人在谈话。一个姑娘说："这首曲子多难弹啊！我只听别人弹过几遍，总是记不住该怎么弹，要是能听一听贝多芬自己是怎样弹的，那有多好啊！"一个男的说："是啊，可是音乐会的入场券太贵了，咱们又太穷。"姑娘说："哥哥，你别难过，我不过随便说说罢了。"

——节选自小学六年级语文课文《月光曲》

(7) 因别人的服务态度不热情而不快的顾客，也许是位公共汽车的售票员，也许是位医生、护士，也许是位党政机关的干部……当你在接待乘客、病员、群众时，是否也曾想到自己当顾客时的处境和心情？中国有句老话："己所不欲，勿施于人。"英国有句名言："所谓以礼待人，即用你喜欢别人对待你的方式对待别人。"当你处于为他人服务的位置时，应该反躬自问：有没有出言不逊？是不是面色难看？要使整个社会的服务态度好起来，需要每个人从改善自己的服务态度做起。

(8) 人非圣贤，孰能无过，可不知为什么，承认错误，这种自自然然的事情，随年龄和阅历的增长渐渐地和我们疏远了。我们在做错了事时，惧怕在朝夕相处的同事面前，更惧怕在素不相识的生人面前，认认真真地说一句："我错了。"实际上，在社会生活中，我们常常因为欠考虑而误解人，因粗心而做错事，因孤陋寡闻而持有狭隘偏见，人本来不能十全十美，我们却时常缺乏自知之明，不习惯自我批评。

(9) 由于时代不同，人的理想会各异，但理想总应该是追求，应该是真、善、美。有理想者，志在未来，他们想的是民族，是国家，是人类的命运，是时代的未来。理想能使我们获得开拓未来的动力，开拓未来就在于求新，刻意求新者可能会犯这样或那样的"错误"，但为了理想他们甘愿与挫折、风险结伴而行。古今中外，为了追求而献身者多矣！为追求而献身，还是只为个人而苟活，这是两个不同的现实。对这两种现实的是非判断亦因人而异：前者，有人认为是有志之士，有人觉得是"蠢材"；后者，有人觉得是"聪明""现实"，有人认为是行尸走肉……一个人如果活着的时候能向社会发出一点有用的信息，即使在死后若干年才得到"反馈"，也是值得的。

（10）俗话说，"瑞雪兆丰年"。这个话有充分的科学根据，并不是一句迷信的成语。寒冬大雪，可以冻死一部分越冬的害虫；融化了的水渗进土层深处，又能供应庄稼生长的需要。我相信这一场十分及时的大雪，一定会促进明年春季作物，尤其是小麦的丰收。有经验的老农把雪比作是"麦子的棉被"。冬天"棉被"盖得越厚，明春麦子就长得越好，所以又有这样一句谚语："今冬麦盖三层被，来年枕着馒头睡。"我想，这就是人们为什么把及时的大雪称为"瑞雪"的道理吧。

——节选自峻青《第一场雪》

（三）对象感

听众、观众是我们的传播对象，播音员、主持人必须在"目中无人"的条件下，做到"心中有人"，要对受众进行具体设想，从感觉上把握听众、观众的存在，时时与传播对象有思想感情的交流呼应，这就是对象感。

有对象感的播音员、主持人，善于与听众沟通，能够把握好自己的情绪，较好地体现节目的宗旨和意图。而没有对象感的播音员、主持人，顾不上跟观众交流，这样就会影响自己播音主持的感染力，同时也会导致受众对节目的信任度和忠诚度降低。

（1）观众朋友们，大家好！欢迎收看这一期的《百味人生》节目！我是主持人晨星。在这一期的节目中，我们首先讲一讲相声大师侯宝林之子侯耀文与郭德纲的师徒情，然后介绍中国最后一位格格——金默玉。……好了，观众朋友，这一期的《百味人生》就为您讲述到这里。感谢收看！请您继续关注我台其他栏目的节目内容。观众朋友们，我们下期节目再会！拜拜！

（2）小朋友，我现在说话，用的是什么语言？对了，是汉语，是汉族的语言。汉语的历史很长，在三千多年以前，咱们中国就有了汉字。汉语产生在汉字以前。汉语被广大人民使用了这么多年，真是经过了千锤百炼，使它成了更丰富、更优美的语言。

（3）《资治通鉴》这部历史名著的作者，是宋代的司马光。他著《资治通鉴》，真是呕心沥血，正像他自己所说的，"平生精力，尽于此书"。他著书数十年中，每天都写至深夜，未到五更便又起床。在微弱的烛光下继续写作。他怕自己睡过了头，使用圆木做了一个枕头，取名"警枕"，意即时刻警惕自己不要贪睡。睡梦之中只要稍稍一动，这"警枕"便会翻滚，把司马光惊醒，他就立即起床开始工作。

（4）我国的酒不仅种类繁多、质量优异，而且在同一类酒中还有不同的类型和各自的风味。白酒就有五种香型：清香型（以山西汾酒为代表），浓香型（以四川泸州老窖特曲为代表），酱香型（以贵州茅台酒为代表），米香型（以广西桂林三花酒为代表）及其他香型。黄酒类型也较多，大体分为绍兴黄酒、福建红曲黄酒和北方黄酒三种类型。葡萄酒是世界上产量仅次于啤酒的一种饮料酒，我国人民习惯喝甜葡萄酒。啤酒也有很多类型，按色泽可分黄啤酒、黑啤酒、白啤酒；我国生产的啤酒绝大部分是麦汁浓度十二度，酒度三点五度左右的黄啤酒。

（5）我们的汉语是十分丰富、十分优美的。就拿声音来说吧。苏联诗人吉洪诺夫说："只有用音乐才能传达汉语的声音。"意思是说，汉语的声音好像音乐那样好听，这话很对，比如拿 ba 的音来说吧，可以念成"八、拔、把、爸"四个音，声音高低不同。这叫四声。有了四声，读起来就好听了。如："今天的红领巾，明天的红旗手！"多好的一句话，要是没有四声，念成："今—天—的—红—领—巾，明—天—的—红—旗—手！"（全念平声）小朋友，你们说，这样好听吗？（略停）对了，不光是不好听，还觉得挺别扭。

（6）科学证明：伸懒腰时，两手上举，肋骨上拉，胸腔扩大，使膈肌活动加强，引起深呼吸。这既可减少内脏对心肺的挤压，有利于心脏的充分活动，又能促进全身血液循环，从而改善睡眠和紧张工作学习后的血液分布，尤其是人脑组织，虽其重量仅占体重的五十分之一，需氧量却占全身需氧量的四分之一。可以说，伸懒腰是消除疲劳、焕发精神、促进体力和健康的一种积极活动。

（7）何永康在点评中写道：此文很典型，不事张扬，不搞"满天星"的铺陈铺排，不搞华彩炫目的"集锦"，不玩深沉，只是极为朴实地记叙了父亲割麦、自己割麦的情景，中间一节还喊了"口号"！然而，它真实、本色、真情、纯净，一板一眼地道来，汹涌的内心波涛潜伏其间。父亲的言语极少，但厚实、博大；儿子的情感表述很普通，但均发自肺腑……何永康希望阅卷者和中学语文教师能包容鼓励这份"来自现实生活的质朴"，在高考作文中，这已是久违的文风。

（8）口语表达能力是一种综合能力的体现。为了使学生完整、规范、由浅入深地掌握表达的技能、技巧，我们要有目的、分阶段地进行训练。在正确理论指导下，通过系统、科学、有效的训练，使学生"想说""会说""善说"，达到内容完整、语句流畅、观点明确、逻辑严密、层次清楚、感情真切等基本要求。

(9) 观众朋友，大家好！今天的《科学与教育》节目又和大家见面了！我是主持人晨星。在今天的20分钟时间里，我们为大家安排了以下内容：首先，跟大家聊一聊"什么叫大学"这个话题，然后请魏英杰谈一谈对《读书》这本杂志的三个期待，最后与您一起讨论一下"弃用'人才'概念"的话题。好，观众朋友，下面先聊第一个话题：什么叫大学？……观众朋友，这一期的《科学与教育》节目就要接近尾声了，下面我向大家预告一下我们下一期节目的播出内容：第一、"巨人"启动"双语学前快车"，第二、高招录取将邀请媒体亲临现场，第三、大学生选雇主，本土企业人气急升。欢迎到时收看。观众朋友，这一期的《科学与教育》节目就全部播送完了！下期节目再会！

(10) 一个活泼伶俐的小和尚来到山上的庙宇，他勤快地挑水，不但自己喝饱，还往菩萨手中的净瓶里灌水，瓶里的柳枝活了。不久，来了一个瘦和尚，他与小和尚俩人为喝水及挑水发生了争执，谁也不愿意吃亏。后来又来了一个胖和尚，三个和尚都要喝水，但都不愿意多挑水。于是，三个和尚都没有水喝了，菩萨手中的柳条也因没有水而枯竭了。一天夜里，三个和尚都在打盹的时候，一支正在燃烧的蜡烛被一只小老鼠咬断，庙宇起火了。危急之中，三个和尚不分你我，争先恐后挑水救火。一场大火很快就被扑灭了，三个和尚由此悟出齐心协力的好处。水缸里的水又满了。三个和尚高兴地捧着大碗喝水。菩萨手中的柳条又亭亭而立了。

二、语言表达外部技巧

停连、重音、语调、节奏是有声语言的外部表达技巧。

播音员、主持人把文字稿件转化为有声语言，把文字的视觉形态转化为声音的听觉形态，在这个转化创造的过程中需要有对文字稿件的认识，还需要有将其转化为有声语言这种听觉形式的构思和传达，而停连、重音、语调、节奏四大外部技巧，就是构思和传达的方法。

（一）停连（停顿、连接）

定义：播音主持的语流既不能一字一停，断断续续地进行，也不能字字相连、一口气念到底，语流中的停顿、连接是必不可少的。它是显示语法结构的需要，也是表情达意的需要，是心理的需要，也是生理的需要。在播音主持中有声语言的休止和中断，称为停顿；而那些声音不休止、不中断，特别是在文字语言中有标点符号而不休止和中断的地方就是连接。

作用：组织句子，区分意思；体现文章的起承转合，以及语句间的逻辑关系；传达内心感情的丰富变化，增强表达效果。

分类举例（用"/"表示停顿）：

（1）语法停顿一般是反映句子结构中的语法关系，停顿的地方通常用句号、逗号、问号、感叹号、分号、冒号、顿号间隔。

例：老头儿吓了一跳，/着急地问/："怎么啦，/老太婆，/你疯了吗?"

懒汉，/懒汉！/你真没出息，/自己不工作，/还想白白吃东西。

（2）强调停顿（逻辑停顿或感情停顿）是句子中特殊的间隔，为了突出感情或者加强语气，在不是语法停顿的地方适当地停顿。

例：夏季到了，我看见百合花/开放着喇叭形的花朵，它的花朵/像雪一样洁白。

没有/一片绿叶，没有/一缕炊烟。

综合训练：

春天像刚落地的娃娃，从头到脚都是新的，它生长着。春天像小姑娘，花枝招展的，笑着，走着。春天像健壮的青年，有铁一般的胳膊和腰脚，领着我们上前去。

但是，人民是杀不绝的，革命是扑不灭的，共产党人是吓不倒的！

讲课的是他们班的廖老师。

森林爷爷的脚伸在很深很深的泥土里，任凭风魔王怎么摇，他还是稳稳地站着。

我们不怕死，我们有牺牲精神！我们随时像李先生那样，前脚跨出大门，后脚就不准备再跨进大门。

（二）重音

定义：播音主持所说的重音是就语句而言的，是指在播音主持艺术创作中为了更好地体现语句目的，在表达时着意强调的词或词组。它解决的是语句内部各词或词组之间主次关系的问题。

作用：使语句的目的更加突出，使逻辑关系更严密，使感情色彩更鲜明。

分类举例（用下横线表示重音）：

（1）语法重音是由句子的语法结构自然表现出来的重音，语法重音的位置比较固定。

例：我们的学校越来越美丽。

老师像妈妈一样。

大雪整整下了一夜。

(2) 强调重音又叫逻辑重音或感情重音，是为了突出某种特殊的思想感情，把句子里的某些词语读得较重，使语句的非重音音节变成重音音节。它可使句子的感情色彩更加丰富，情感饱满充沛，感染力更强。

例：谁能把花生的好处说出来？

品位这东西为气为魂为筋骨为神韵，只可意会。

综合练习：

风停了，雨住了，太阳出来了。

你看，小燕子搭的窝，不仅漂亮，而且又结实，又暖和。

战士们英勇顽强，奋起抵抗，把敌人打得落花流水，溃不成军。

古时候有一个人，一手拿着矛，一手拿着盾在街上叫卖。

他穿的虽然是长衫，可是又脏又破，似乎十多年也没有补，也没有洗。

（三）语调

定义：语调是语句声音的抑扬或升降，是准确传达句子思想感情的需要，是语气的外在表现形式。语调是感情的产物，具有明显的感情色彩，它是整个语句甚至是语段感情色彩的起伏变化。

作用：运用语调可以让表达者声情并茂，增强表现力和感染力。

分类举例：

（1）平直调，语流运动状态平直舒缓，一般表示庄严、沉重、冷漠等感情。

例：三百多年前，建筑设计师莱伊恩受命设计了英国温泽市政府大厅。（→）

（2）上扬调，语流状态由低向高升起，句尾音强，向上扬起。一般表示反问、号召、惊叹等感情。

例：你们都走吧，所有的一切都由我来承担，总行了吧？（↗）

（3）下抑调，语流状态先高后低，句尾音下降。一般表现叹息、请求、痛苦、愤怒等感情。

例：春蚕到死丝方尽，蜡炬成灰泪始干。（↘）

（4）曲折调，语流运动状态起伏曲折，由高到低再扬起，或由低到高再降下，一般表示讽刺、暗示、幽默的感情色彩。

例：现在您肯定知道为什么罗莹曦的薪水比您高了吧！（↗↘↗）

综合练习：

我国最大的钢铁基地鞍钢目前被国务院企业指导委员会批准为国家一级企业。这是我国首次命名国家一级企业。

我想那缥缈的空中，定然有美丽的城市。街市上陈列的一些物品，定然是世上没有的珍奇。

现在世界上究竟谁怕谁？

中国人死都不怕，还怕困难吗？

哦，原来是他呀。

我们的目的一定要达到。我们的目的一定能够达到。

他说你又聪明，又能干，又有文化。（讽刺）

（四）节奏

定义：有声语言的艺术创作是讲究速度的，速度受文稿内容和形式影响，也受到表达者心境的影响。因此，节奏就是由全篇稿件生发出来的对播音员主持人思想感情的波澜起伏所造成的轻重缓急、抑扬顿挫的声音形式的回环往复。语调以语句为单位，节奏则以全篇为单位。

分类举例：

（1）轻快型：要求多连少停，多轻少重，多扬少抑，语流轻快。

例：喜欢踏着轻快的脚步，畅游在青山绿水中去亲近鸟的鸣唱、花的芬芳。

喜欢轻捻润泽的笔墨，惬意在唐风宋雨里去感受诗的曼妙、词的清雅。

喜欢把流动的思绪倾泻于笔端，在素笺上描绘斑斓画卷，独自享受清欢。

心灵的沉淀，应该是一种远离尘嚣、遗世独立的疏离。让身心融进山色中，清宁而幽远，犹如放松丝线的风筝，是空旷高远的怡然。

（2）凝重型：要求多停少连，多重少轻，多抑少扬，语流平衡凝重。

例：蹉跎岁月中，父辈们为了一个"飞天"梦想而艰辛劳作，把自己交给了那个时代，我们就是结在他们誓言里的一颗果子，虽然青涩却寄托着希望。这条父辈的故道，像身旁蜿蜒的河水，醉了梦想的传说，红了时代的诺言。而当梦想成真的那一天，欢庆的酒杯却端在了下一代人的手中，他们饮下的不仅仅是荣誉，还包含了一份对奉献的铭记，和一份历史的凝重。

（3）低沉型：要求停顿多而长，语调多抑，节拍较长，声音偏暗，句尾沉重，语流沉缓。

例：我在俄国所见到的景物再没有比托尔斯泰墓更宏伟、更感人的了。这块将被后代永远怀着敬畏之情朝拜的尊严圣地，远离尘嚣，孤零零地躺在林荫里。顺着一条羊肠小路信步走去，穿过林间空地和灌木丛，便到了墓冢前；这只是一个长方形的土堆而已。无人守护，无人管理，只有几株大树荫庇。他的外孙女跟我讲，这些高大挺拔、在初秋的风中微微摇动的树木是托尔斯泰亲手栽种的。小的时候，他的哥哥尼古莱和他听保姆或村妇讲过一个古老传说，提到亲手种树的地方会变成幸福的所在。于是他们俩就在自己庄园的某块地上栽了几株树苗，这个儿童游戏不久也就忘了。托尔斯泰晚年才想起这桩儿时往事和关于幸福的奇妙许诺，饱经忧患的老人突然从中获得了一个新的、更美好的启示。他当即表示愿意将来埋骨于那些亲手栽种的树木之下。（茨威格《世间最美的坟墓》）

（4）高亢型：要求多连少停，多重少轻，扬而不抑，语气高昂，语速稍快，语流畅达。

例：那是力争上游的一种树，笔直的干，笔直的枝。它的干，通常是丈把高，像加以人工似的，一丈以内，绝无旁枝；它所有的丫枝一律向上，而且紧紧靠拢，也像加以人工似的，成为一束，绝不旁逸斜出；它的宽大的叶子也是片片向上，几乎没有斜生的，更不用说倒垂了；它的皮光滑而有银色的晕圈，微微泛出淡青色。这是虽在北方风雪的压迫下却保持着倔强挺立的一种树。哪怕只有碗那样粗细，它却努力向上发展，高到丈许，二丈，参天耸立，不折不挠，对抗着西北风。

这就是白杨树，西北极普通的一种树，然而决不是平凡的树！（茅盾《白杨礼赞》）

（5）舒缓型：要求多连少停，声音清亮，声音较高但不着力，语气舒展开阔。

例：月亮上来了，是一轮灿烂的满月。它像一面光辉四射的银盘似的，从那平静的大海里涌了出来。大海里，闪烁着一片鱼鳞似的银波。沙滩上，也突然明亮了起来，一片片坐着、卧着、走着的人影，看得清清楚楚了。啊！海滩上，居然有这么多的人在乘凉。说话声、欢笑声、唱歌声、嬉闹声，响遍了整个的海滩。

月亮升得很高了。它是那么皎洁，那么明亮。

夜已经深了。

沙滩上的人，有的躺在那软绵绵的沙滩上睡着了，有的还在谈笑。凉爽的风轻轻地吹拂着，皎洁的月光照耀着。让这些英雄的人们，在这自由的天幕下，干净的沙滩上，海阔天空地尽情谈笑吧，酣畅地休憩吧。

（6）紧张型：要求多连少停，多重少轻，多扬少抑，语气紧张，节奏拖长。

例：我打猎归来，沿着花园的林荫路走着。狗跑在我前边。

  突然，狗放慢脚步，蹑足潜行，好像嗅到了前边有什么野物。我顺着林荫路望去，看见了一只嘴边还带黄色、头上生着柔毛的小麻雀，它从巢里跌落下来，呆呆地伏在地上，孤苦无援地张开两只刚刚长出羽毛的小翅膀。我的狗慢慢地逼近它。忽然，从附近一棵树上扑下一只黑胸脯的老麻雀，像一颗石子似的落在狗的嘴脸眼前——它全身倒竖着羽毛，惊惶万状，发出绝望、凄惨的吱吱喳喳叫声，两次向露出牙齿、大张着的狗嘴边跳扑前去。它是猛扑下来救护的，它以自己的躯体掩护着自己的幼儿……可是，由于恐怖，它整个小小的躯体都在颤抖，它那小小的叫声变得粗暴嘶哑了，它吓呆了，它在牺牲自己了！

  在它看来，狗该是个多么庞大的怪物啊！然而，它还是不愿站定在自己高高的、安全的树枝上……一种比它的意志更强大的力量，使它从那儿扑下身来。我的特列佐尔站住了，向后退下来……看来，它也承认了这种力量。我赶紧叫开受窘的狗——于是，我怀着极恭敬的心情，走开了。是啊，请不要见笑。我崇敬那只小小的、英勇的鸟儿，我崇敬它那爱的冲动。

  爱，我想，比死和死的恐惧更加强大。只有依靠它，依靠这种爱，生命才能维持下去，发展下去。（屠格涅夫《麻雀》）

第三章 综合能力训练

播音员、主持人、演讲者在打牢语言功底的基础上,还需要进行相关综合能力的培训,才能真正做到有气质、有个性、有口才、有文采。仪态训练可以让播音员、主持人、演讲者的肢体语言更加协调到位,仪态更加端庄大方;表演和朗诵训练可使其熟悉和提升语言表达技巧;其他语言艺术形式的训练可以提高语言的清晰度,使气息、声音更加优美自如;语言组织能力的训练可锻炼其思维的敏捷性和逻辑性、临场应变的能力,有效提升交谈口才。

第一节 仪态训练

"做人先学礼。"礼仪是一个人内在素质和外在形象的具体体现,礼仪是个人心理安宁、心灵净化、身心愉悦、增强修养的保障。生活中,个人礼仪是人际交往不可或缺的部分,好的礼仪是重要的加分项。播音员、主持人、演讲者都是公众人物,聚焦观众视线,必须拥有良好的礼仪素养,打造标准的礼仪姿态。

一、"三姿"训练

(一)站姿训练
(1)抬头,头顶平,双目向前平视,嘴唇微闭,面带微笑,动作平和自然。
(2)双肩放松,稍向下沉,身体有向上的感觉,呼吸自然。
(3)躯干挺直,收腹,挺胸,立腰。
(4)双臂放松,自然下垂于体侧,手指自然弯曲。
(5)女子:双腿并拢立直,在比较正式的场合,双脚呈"丁"字形;男子双腿立直，双脚呈"八"字形，双脚可稍微分开，但不能超过肩宽。

（6）身体重心应在两腿中间，防止重心偏左或偏右。

（二）坐姿训练

坐姿训练包括入座、坐定、起座三个程序。

（1）入座要从容、轻缓。款款走到座位前，背向椅子落座。

（2）坐定时，头部摆正，双目平视前方，表情柔和，上体自然挺直，双肩放松，自然下沉，双臂自然弯曲。

男子：两手自然放在膝盖或桌面上，手心向下，两腿之间可有一拳距离。

女子：可双手互握，放于双腿上，两腿自然弯曲，双脚平落地面，不宜前伸，两腿并拢，中间不留空隙，斜侧一方，双脚可有前后之差。

臀部占椅子面积三分之二左右。

（3）起座要舒缓、自然。可右脚向后收半步，重心前移，起身站立。

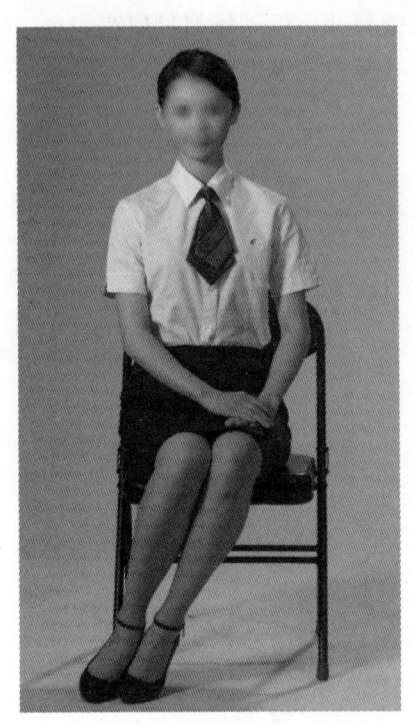 

（三）走姿训练

（1）头正。双目平视，表情自然，略带微笑。

（2）肩平。双肩平稳，手自然下垂，在摆动中与双腿的距离不超过一拳。

（3）躯挺。上身挺直，立腰收腹。身体重心稍前倾。

（4）步位直。脚尖略开，避免"外八字、内八字"，脚跟先接触地面，依靠后腿将身体重心送到前掌，使身体前移。

（5）步幅。距离适度，合适的距离为前脚的脚跟与后脚的脚尖相距一脚长。

（6）步韵。步速平稳，行进中速度保持均匀、平衡，不要忽快忽慢，步速每分钟在80～100步。

二、眼神训练

眼睛是心灵的窗户,眼神是心态的轨迹。对于一名播音员、主持人、演讲者来说,眼神不仅仅是信息的传递、情感的外露,更重要的是风采的展现。如果播音员、主持人、演讲者善于使用眼神,其面部表情就会更熠熠生辉,使其更容易跟观众交流,并能产生积极的心理效应。

（一）眼神训练法

1. 定眼法

全身放松，精神高度集中却不紧张。立正姿势站好，盯住正前方一个目标不动，越小越好，两眼集中精力，紧盯一点，不可眨眼，不能瞪大，不能变小，好似要看穿目标一样。如此保持，刚开始眼睛酸痛流泪，要忍受克服。（闭眼再突然睁开抓住那个点）

2. 左右晃眼法

头部不动，双眼圆瞪，眼球平行左转，看左侧的极限角度。定一会儿后，迅速平行右转。左右反复练习数次。

3. 上下晃眼法

头部不动，双眼圆瞪，眼球平行看上方的极限角度（不许抬眉），定一会儿再下移，下移到最低角度。上下反复练习数次。

4. 旋眼法

眼球由正前方开始，上、右、下、左各做顺时针转动，每个角度都要定住，眼球转的路线要到位。然后做逆时针转动，反复练习。

（二）眼神在演讲中的具体应用方法

1. 前视法

即演讲者的视线沿着听众席的中心线，从第一排一直看到最后一排。而在往前看的过程中，视线可以不匀速，但视野的范围必须顾及坐在两边角落里的听众。

演讲者想了解听众对他所发表观点的反应程度，一般多用此种方法。

2. 环视法

即演讲者的目光有节奏或周期性地环视全场。而在环视的过程中，视线可以从观众席的左边扫到右边，也可以从听众席的右边扫到左边，但视线基本上都是弧形的。

对于一些感情浓烈或者场地较大的演讲，演讲者想掌握整个演讲现场动态，照顾全场，统帅全局，多用此种方法。但由于视线的跨度较大，难免有"为视线而视线"之嫌，所以，演讲者在演讲时头部摆动的幅度不能过大，眼珠也不能肆意乱转。

3. 侧视法

即演讲者在观看全场观众时，视线的路径是"Z"形或"S"形的。

此种方法既可以避免环视法视线幅度变化较大的缺陷，又能让演讲者把握全场的动态，所以被大多数演讲者经常使用。

4. 仰视法

即演讲者抬起头，视线向上，往天花板看。

演讲者在抒发情感时，比如赞美、感叹、表决心等，或者表示尊重、回忆、思索时，都可以考虑应用此种方法。不过，此种方法不能过多使用。

5. 俯视法

即演讲者低下头，视线向下，往地板上看。

演讲者在表示惭愧、不好意思、沉思时，或者表示长者对后辈爱护、怜悯与宽容时，可以考虑使用此种方法。当然，此种方法也不能过多使用。

6. 点视法

即演讲者把视线集中到局部听众或者某个听众的身上。

这种方法的应用范围很广。比如，表示对热心听众的赞许和感谢，对有疑问的听众进行引导启发，对想询问的听众给予支持鼓励，对影响现场秩序的听众进行制止，都可以运用此种方法。不过，在运用点视法时必须注意：点视的时间不能过长。

7. 虚视法

即演讲者的目光似看非看地望着观众。换一种说法就是"眼中无观众，心中有观众"，目的让听众觉得演讲者一直在注视着他们。

这种方法在演讲中使用频率很高，尤其是初上场的演讲者可以用它来克服自己紧张与分神的毛病，而不至于看到台下那火辣辣的眼神而害怕。另外，这种方法还可以用来表示演讲时的愤怒、悲伤、怀疑等感情。

8. 闭目法

即演讲者把眼睛闭上，暂时不看现场的观众。

当演讲者在演讲中讲到英雄人物壮烈就义，可以考虑使用此种方法。此方法在演讲中很少使用。

三、微笑训练

微笑是工作需要、职业需要、交际需要，是提升个人魅力的有效方法；微笑是一种豁达的人生态度，是一笔不朽的人生财富；微笑是人类最美的表情，是一种温暖人心的强大力量。日常交际中需要微笑，作为播音员、主持人、演讲者也需要掌握微笑的方法，拥有微笑的能力。

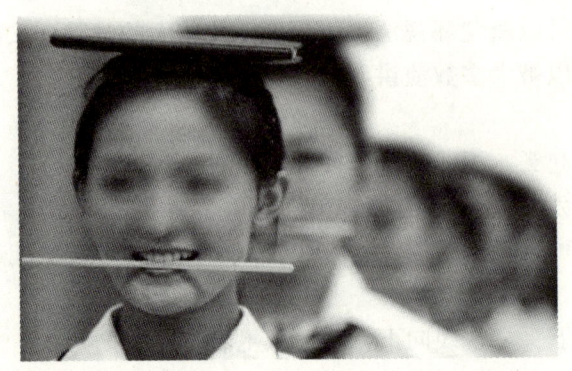

基本方法：

(1) 回忆微笑的好处，回忆美好的事情，发自内心地微笑，做到心笑、眼笑、嘴笑——"三笑原则"。

(2) 嘴型始终保持扁状，把手指放在嘴角并向脸的上方轻轻上提，一边上提一边使嘴巴充满笑意。

(3) 门牙轻轻咬住一根筷子，两边嘴角上提，持续一段时间。

(4) 面对面，直视对方眼睛，保持笑容。

(5) 保持标准笑容，深吸一口气持续发声"xi"，坚持将气息用完。

(6) 发"一，七，茄子"进行嘴角肌运动训练，使嘴角露出微笑。

四、手势训练

人的一双手，除了劳动，还可以传递信息，表达各种复杂的思想情绪，起到无声胜有声、"妙不可言"的效果，手势也可称作第二语言。"演讲"作为人际交流的高级形式，在演说的过程中必然掺杂"演"的成分，但不是普通意义上的"演"，它除了调用人的表情，更要发挥上肢的作用，利用胳膊、手掌、手指、拳头的动作来协助有声语言表达思想情感。演讲的手势不仅能更好地传情达意、感染听众，而且能增强演讲者的演讲魅力和个人魅力。在演讲过程中，手势应用得比较广泛，在主持中手势应用相对较少，但也具有一定的实用价值。

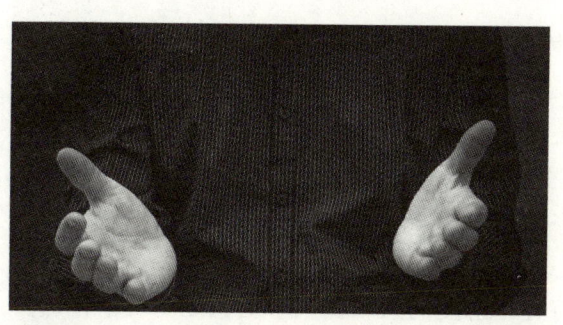

手势的基本要领：

拇指张开，其余四指自然展开、并拢、微曲；手臂分为三段：上臂、前臂与手，要根据手掌的位置而灵活变化。

常用的手势训练：

（1）伸手（手心向上，前臂略直，手掌向前平伸）——表示请求、交流、许诺、谦逊、承认、赞美、希望、欢迎、诚实等意思。

伸手训练：

"人生活在世上，谁不希望自己的一生过得更精彩一些呢？"（单手）

"自己活着，就是为了使别人生活得更美好！"（双手）

（2）抬手（手心向上，手臂微曲，手掌与肩齐高）——表示号召、唤起、祈求、激动、愤怒、强调等。

抬手训练：

"给人民当牛做马的人，人民把他抬得很高很高！"

（3）举手（五指朝天，前臂垂直，手掌举至头部）——表示行动、肯定、激昂、动情、歌颂等。

举手训练：

"让我们心连心，手牵手，不怕困难，不惧挑战，共创辉煌！"

（4）挥手（手臂向前，手掌随着向前挥动）——表示激励、鼓动、号召、呼吁、前进、致意等。

挥手训练：

"同志们，朋友们：让我们在爱国主义的旗帜指引下前进吧！"

（5）推手（手心向前，前臂直伸）——表示坚决制止，果断拒绝，排斥，势不可当等意。

推手训练：

"不！不能这样！不是我们的东西就坚决不能要！"

（6）压手（手心向下，前臂下压至下区）——表示要安静、停止、反对、压抑、悲观或气愤等。

压手训练：

"医院是病人休息的地方，请大家安静，安静。"

（7）摆手（手心对外，前臂上举至中区上部）——表示反感、蔑视、否认、失望、不屑一顾等。

摆手训练：

"在小事上持轻率态度的人，在大事上也是不可信任的。"

（8）切手（五指并拢，手掌挺直，像一把菜刀切下）——表示果断、坚决、排除之意。

切手训练：

这次疫情的蔓延速度之快，严重程度远远超出大家的想象，我们必须在今天做出封城的决定！

（9）心手（五指并拢、弯曲，自然放在胸前心脏部位）——表示自己、祝愿、愿望、希望、心情、心态等。

心手训练：

"爱国魂是最纯洁的灵魂，爱国心是最美好的心灵。"

（10）握手（紧握拳头，手臂微曲）——表示坚定。

握手训练：

"态度决定高度，坚持就是胜利！"

（11）合手（两手在胸前高度，由分而合，双手合一）——表示亲密、团结、联合、欢迎、好感、接洽、积极、同意等。

合手训练：

"爱国主义就是人民团结起来对自己祖国的一种深厚的感情。"

（12）分手（两手先在胸前高度停留，手心相对，距离相近，然而由合而分，双手打开，两手距离由近到远）。

分手训练：

"我们世界上最美好的东西，都是由劳动人民的手创造出来的。"

五、表情训练

演讲的核心是情绪的沟通，情绪的沟通能够感染人、影响人，带给别人一种感觉——心与心交流的感觉，而表情是我们情绪沟通的重要法宝。

喜怒哀乐是人之本能，人的内心世界有了感情的体验，就会通过面部表情流露出来。面部表情就是感情的晴雨表，观众可以从上面读懂演讲者的情感世界，而面部表情又可以刺激人产生某些内心体验。

高质量的演讲必须将面部表情、眼神、手势和有声语言以及内心世界恰如其分地结合在一起。

播音员、主持人、演讲者要学会恰当运用面部表情，做到不温不火，适可而止。过火，显得矫揉造作；不及，显得平淡无奇。面部表情的运用必须与表达的内容结合起来，适时，适事，适情，适度。以下是常见的面部表情。

愉快：嘴角向后及上拉，眉毛平展，眼睛平眯，瞳孔放大。
抑郁：嘴角下垂，眉毛紧锁，面孔显长。
高兴：眉毛上抛，嘴角向上，口微张。
惊讶：嘴唇打开，眉目骤张。
悲哀：嘴唇微开，眉目低垂。
蔑视：双眼微闭，视角下斜，抬面颊。
痛苦：皱双眉，半眯双眼，嘴角下拉。
生气：眼睛圆大，眉毛倒竖，微闭口唇，紧咬牙关。
坚定：面部肌肉收缩，嘴唇微闭，目光炯炯。

朗读以下片段，并为每句配以恰当的表情：
（微笑）我常常望着天真的儿童。
（陌生）他们陌生地瞅着我，歪着头。
（惊奇）像一群小鸟，打量着一个恐龙蛋！
（失望）他们走了，走远了……
（生气）他的脸十分难看，仿佛被寒霜打了的茄子一样，又黑又紫。
（苦闷）花了那么多时间学习，但这次还是没有考好，这可怎么办啊？
（疑惑）看他平时不怎么学习，整天贪玩好耍，这次考试他居然得了个第一。
（严肃）一个人如果从小不学礼仪，不懂礼貌，长大以后怎么能够成为优秀的人才？
（伤心）她的两眼哭肿了，像熟透的桃子似的。
（可爱）那圆圆的小脸蛋上有一双水灵灵的大眼睛，一笑起来，眼睛一眯，还生出一对小酒窝，着实可爱。
（委屈）他从来没有受过这样的对待，委屈的泪水在眼眶里直转，他低下头，回过身，一溜烟跑回了宿舍。
（害怕）这是他第一次上台，手在颤抖，脚在哆嗦。

（调皮）正当我要写作业的时候，一个香喷喷的包子突然塞到了我的嘴里，我回头一看，小明正调皮地眨着眼看着我。

（幸福）生病的他躺在床上，第一次得到别人的细心照顾，也是第一次感受到幸福的味道。

（愤怒）听到坏人被放跑的消息，他紧握拳头，心中有一团火焰在燃烧。

（可惜）在长跑比赛中，我一直领先，可到了最后一秒对手竟超越了我，就这样我丢掉了金牌。

（激动）胜利了，胜利了，抗战终于胜利了。

（惊吓）我的心一下子提到嗓子眼儿，我吓坏了。

（满足）让我们学会满足，用美丽的心情面对生活中的困境，珍惜时光，珍惜生命，我们一定会拥有美好的未来。

（自信）自信让我们勇敢，自信让我们快乐，自信让我们成功。

（骄傲）看到五星红旗在奥林匹克赛场上缓缓升起，我骄傲，我自豪。

（感动）许多医生为了挽救感染的病人献出了自己宝贵的生命。

（伤感）年轻的兄弟们，就这样牺牲了，他们再也不会回来了。

（亲切）小朋友，你们好，我们为你们送来了礼物，希望你们好好学习，健康成长。

（紧张）我的心里像打鼓似的咚咚直跳，我不敢往下想了。

（着急）我像热锅上的蚂蚁一样急得团团转。

（沉重）我的双腿像灌了铅似的一步一挪地往前走。

（内疚）内疚、懊悔敲击着我的心，我翻来覆去睡不着。

（害羞）我的脸"唰"地一下红到了脖子根。如果地上有条缝，我真想钻进去。

（感恩）我是一个孤儿，在成长的道路上，幸亏有父老乡亲的关爱，我才能取得今天的成就，我永远不会忘记大家的恩情。

（坚定）虽然上半场我们比分落后，但请大家不要灰心，我们要相信自己的实力，只要我们团结一心，比赛的胜利一定属于我们。

（赞美）山高水清，五光十色，这样的风景我还是第一次看到，真的太美了！

（感激）衷心地谢谢你们，没有你们的帮助，我们无法渡过难关。

（难过）顿时，我好像掉进了冰窖里，从心顶凉到了脚尖。

第二节　表演基础训练

表演，可以激发人的潜能，能提高语言表达力、肢体表现力；能培养敏锐的观察力、反应力；能激发丰富的想象力与创造力，建立强大的自信心，等等。

播音、主持、演讲不等于表演，但主持人、演讲者仍需要恰当地调动身体语言，包括手势、眼神、表情，需要运用有声语言的内外技巧，对所要传播的信息进行讲解、评说、描述，使之更加明确、生动、形象，以达到更好的传播效果，这其中就含有表演的成分。因此，主持人在主持节目时、演讲者在演说过程中需要进行适当的"非角色"表演。学习表演的主持人、演讲者会不知不觉地提高个性魅力，比学习、训练之前更加吸引人。

一、表演技巧训练

（一）消除紧张训练

演员在开始表演之前，必须使肌肉处于适当状态。松弛的状态才能产生正常的思维，演员才能逐步获得正确的体验，鲜明地表达出角色的内心，使内在的情感自由地流露。

木偶练习：全身放松，两脚分开平行站立，两手自然下垂，自我感觉是一个木偶，被上面用线操作各个部位。把双手向上提起，手指慢慢张开，尽量往上举，然后线断了，手一段段往下还原，从头—颈—肩背—臀部—大腿—小腿全部松弛，最后倒在地上，像一只猫躺在沙滩上，全身非常松弛。

放大练习：两脚分开站立，从脚趾开始使劲，慢慢往上到小腿直至头部、脸上，以及身体的各个部分，全身都紧张起来，眼睛也睁大了。假设自己变成了巨人，自己是一个很高傲、很了不起的人。

缩小练习：与放大练习相反，从头到脚一步一步地慢慢放松直到在地上缩成一团，像一只蚂蚁恨不得钻进地缝去，找到此时这种缩小身体的感觉，比如又冷、又饿，环境又黑暗，等等。

（二）无实物练习

无实物行动的练习能让你把注意力集中在每一个细小的组成部分上，没有实物会促使你更加细致、更加深入地注意形体行动的细节。

练习题例：找东西、剪纸、洗手帕、提水、杀鸡、包饺子、洗衣服、炒菜、杀鱼、烹鱼、修台灯、擦玻璃、生炉子、钓鱼、擦皮鞋、缝衣服、修自行车（打气）。

（三）感觉表演练习

感觉表演练习包括人的听觉、味觉、嗅觉、肤觉等，表演创作中有无感觉是表演优劣的重要标志。只有掌握好了外部的感觉，才能逐步深入地掌握内部的生理感觉、心理感觉、微妙的情绪感觉和情感感觉。

要求：表演要真实，感觉要准确、细腻、生动，富于形象感、生活感和细节。要有简单的规定情境，展开艺术想象，运用情绪记忆。

（1）等汽车（风、雨、雪、骄阳、冰雹）。

（2）吃水果（酸、甜、苦、涩、辣）。

（3）炎热的夏天在荒山上找人（热、渴、饿、恐惧，皮肤的痒、痛、灼）。

（四）动物及人物模仿练习

无论是播音、主持、演讲，还是社会交际，许多人在刚开始时都会放不开，不自信，因此要克服腼腆、羞怯，要解放天性，恢复"本能"。做模仿动物练习要抓住动物在各种情况下最主要的特点，不光做得像、形态对，还要把神态表现出来，进行形体表现力、想象力与信念的训练。这种练习能培养细致的观察力、逼真的模仿力、丰富的想象力、形体的表现力、心理的共情力，还能培养幽默感。模仿人物的练习可以从身边熟悉的人开始，逐步过渡到模仿名人、伟人等，也可以模仿名演员演出的片段。这种模仿可以培养人的外部表现力、捕捉性格特征的能力。

动物模仿：

（1）狐狸体态设计：身体弯成弓状，耸肩，走路轻捷快速，并大步走出弧度。食指中指并拢呈尖状置于嘴前，两眼左右来回瞟视，就像每时每刻都在动坏脑筋。

（2）鸭子体态设计：腰部使劲，两腿弯曲，双臂垂直放于体侧，手背尽量上翘，然后上身夸张地摆动，走一步双手拍打两下，抬头挺胸。

（3）老鼠体态设计：身体呈半蹲状，双手缩在嘴前，食指呈尖状，不停地抖动，嘴里发出"吱吱吱"的叫声，仿佛时刻都在咬东西，就像无处躲藏似的。

（4）猴子体态设计：耸肩，缩头，双臂弯曲，十指并拢置于胸前，不停地抓耳、挠腮、眨眼。时常单腿独立，右手放在额前遮光，四处观望，走路时连蹦带跳，轻巧便捷。

人物模仿：

（1）哥哥伸长了脖子，把肥皂沫打得满头满脸都是。哥哥搓完后去洗头，一捧水，捧了个空。他忙去找，可刚一睁眼，肥皂沫就"杀"得他直流眼泪。他像盲人摸路一样，东摸摸，西摸摸，好容易才摸起了毛巾，把眼一擦，可眼睛还是模糊的，就去找他的眼镜。

（2）行驶到高速路的休息区，远远看见那饭店里走出了一个小伙子，目不转睛地盯着我们的车，一边拿着手帕向我们招手，一边大声吆喝："吃鱼、吃鱼，新鲜的鱼；吃肉，吃肉，新鲜的肉。过了这个村就没有这个店，过了这个加油站，饿了肚子怎么办？"等车停下，他早就等在车门外，一手帮人拉车门，一手帮人扶着头。一边做一边说："帅哥美女，里边儿请。"满脸堆笑，好不热情。

（3）奶奶躺在病床上，呼吸急促困难，眉头紧皱，表情很痛苦，这时她缓缓睁开双眼，望着大姐，发出微弱的声音："不要着急，我的病我自己清楚，你们要照顾好自己，我最担心的是小婷，她孤身一人在外，工作辛苦，压力很大，你们一定要多多关心她。"一边说着，一边吞咽着口水。

（五）激情表演练习

激情是人生情感与情绪的爆发点，在表演中往往具有强烈的艺术感染力和冲击力，也是展示人物性格及性格的发展，展示剧情主题的有效手段。激情不是靠硬挤情感或外部的强烈动作来展现的。激情必须靠对人物规定情境，特别是内部即心灵规定情境的丰富与开掘，靠对生活、对人生的情绪记忆的刺激与带动来展现。

（1）绝望的激情：得知自己或亲人得了绝症或死亡的消息后；运动员或舞蹈演员双腿被锯断后；即将被执行死刑时。

（2）喜悦的激情：实现愿望；接到录取通知书；贫困中的人中了彩票；事业成功。

二、讲故事表演综合训练

故事是以民间口头文学为源的一种文学体裁，语言自然流畅、通俗易懂，情节构思奇巧、妙趣横生。讲故事，是用通俗易懂的口语将故事描述给别人听，它是口语的独白形式之一。

讲故事可以让表演者置身于一个再现的情境之中，使其深入感受、体验和理解作者的情感，内化为自己的语文能力。表演者通过讲故事能受到情感熏陶、思想启迪，从而激发审美乐趣、加强文化积淀、促进语言发展。讲故事是语言训练的一种载体，是播音主持训练的一项基本内容，也是播音员主持人必须具备的能力。对于演讲者而言，许多演讲内容包含对故事的讲述，涉及许多生动情节的描绘，所以讲好故事也是有效提升演讲能力的训练方法之一。

要讲好故事，就得做到语言通俗口语化、情节生动感人、人物性格鲜明、叙述清楚明白、表现力求神似，通过语言、眼神、表情、动作的相互配合做到声情并茂，尤其要运用不同的声音活灵活现地表现故事中的人物、角色，突显人物声音的个性化。

大象和蚂蚁

很久很久以前，有一只大象它非常凶猛，所有的动物都怕它。

可是蚂蚁不怕大象。大象听到这消息说："蚂蚁这小东西，这么小还想跟我斗，看我不一脚踩死你。"话传到蚂蚁那里去，于是，蚂蚁勇敢地走到大象的面前说："胖大象，听说你要踩死我，我今天就来会会你。"大象闻声就抬起脚了，准备踩蚂蚁，却不知蚂蚁在哪儿。心想：天啊，这蚂蚁怎么这么小，我看都看不清，这可如何是好？但是大象死要面子，不敢说出来，只能凭感觉踩下去。"没踩到，你这呆子！"蚂蚁得意地说。大象狡辩说："哼，我才不想踩你呢，你这小东西，你能打赢我吗？"

蚂蚁听到这话，脑子就机灵地动起来了。说："我看你是看不到我吧，大家伙，你可听好了，今天就让我这小东西来治治你。"说时迟，那时快，蚂蚁就爬到了大象的腿上，狠狠地咬了几下。"哎呀，好痛，好痒！"大象非常痛苦，赶忙说："停停停，我投降，您放过我吧，这滋味儿可真不好受。"蚂蚁就爬了出来说："好，我可以放过你，不过你得答应我以后一定要帮助动物，不可以欺负大伙儿，听到了没有。"大象连忙点头答应说："答应了，答应了。"

从此大象再也没有欺负动物们了，蚂蚁也成了动物们心中的英雄。

父子骑驴

父子俩进城赶集。天气很热。父亲骑驴，儿子牵着驴走。

一位过路人看见这爷俩儿，便说："这个当父亲的真狠心，自己骑驴子，却让儿子在地上走。"

父亲一听这话，赶紧从驴背上下来，让儿子骑驴，他牵着驴走。

没走多远，一位过路人又说："这个当儿子的真不孝顺，老爹年纪大了，不让老爹骑驴，自己却优哉地骑着驴，让老爹跟着小跑。"

儿子一听此言，心中惭愧，连忙让父亲上驴，父子二人共同骑驴往前走。

走了不远，一个老太婆见了父子俩共骑一头驴，便说："这爷俩的心真够狠的，那么一头瘦驴，怎么能禁得住两个人的重量呢？可怜的驴呀！"

父子二人一听也是，又双双下得驴背来，谁也不骑了，干脆走路，驴子也乐得轻松。走了没几步，又碰到一个老头，指着他们爷俩儿说："这爷俩都够蠢的，放着驴子不骑，却愿意走路。"

父子二人一听此言，呆在路上，他们已经不知应该怎样对待自己和驴了。

熟能生巧

从前有个叫陈康肃、号尧咨的人，箭术精良，举世无双。他因此心里非常骄傲，常常夸耀自己的本领。"哈，哈，哈，我的箭术没人比得上。你们有谁愿意跟我比比看啊？"

"师父，您实在是太高明了，我们怎么比得上您呢！""是啊，我们还要多跟您学习学习呢！师父你再表演一下，让我们开开眼界嘛！"这些想从陈尧咨那儿学得箭术的年轻人，每天都说些恭维他的话，让他开心。

有一天陈尧咨带着徒弟在院子里练习射箭，有一个卖油的老翁正好走过，便停下来看。

陈尧咨举起了弓，搭上箭，一连发出十支箭，每支箭都正中红心。徒弟们在旁边拍手叫好，陈尧咨也很神气地对老翁说："你看怎么样？"那个老翁只是微微点头，并不叫好。

陈尧咨心里很不舒服，不客气地问他："喂，你这个老头儿也会射箭吗？""不会。""那么是我的箭射得不好吗？""好是好，不过，这只是一种平常的技术罢了，并没有什么了不起。""老头儿，你说的是什么话？竟然这样侮辱我们师父。你知不知道我们师父的箭术，没人能比得上。你简直太看不起人了。"

"年轻人，你先别生气，我说的是真话。你的箭术的确平常得很，没什么值得夸赞的。""老头儿，听你这么说好像很内行，那你就露两手给我们瞧瞧。不服气就比画比画。光说不练你有个什么用！""小兄弟，这射箭的本领我可没有，不过让我倒油给你们看看。""倒油，这还用得着你这个老头来表演吗？倒油谁不会？别开玩笑啊！"

"你们还是看了再说吧。"老翁说完，就拿了一个葫芦放在地上，又在葫芦口上面放了一枚有孔的铜钱。然后舀了一勺油，眼睛看准了，油勺轻轻一歪，那些油就像一条细细的黄线，笔直地从钱孔流入葫芦里。倒完之后，油一点儿也没沾到铜钱。

老翁很谦虚地向陈尧咨说："这也是一种平常的技术罢了，也就是熟能生巧的道理啊！"陈尧咨听了十分惭愧，从此更加努力地练习射箭，再也不夸耀自己的箭术。后来他的人品和箭术一样好。

愚公移山

传说古时候有两座大山，一座叫太行山，一座叫王屋山。那里的北山住着一位老人名叫愚公，快90岁了。他每次出门，都因这两座大山阻隔，要绕很大的圈子，才能到南方去。

一天，他把全家人召集起来，说："我准备与你们一起，用毕生的精力来搬掉太行山和王屋山，修一条通向南方的大道。你们说好吗！"

大家都表示赞成，但愚公的老伴提出了一个问题："我们大家的力量加起来，还不能搬移一座小山，又怎能把太行、王屋两座大山搬掉呢？再说，把那些挖出来的泥土和石块放到哪里去呢？"

讨论下来大家认为，可以把挖出来的泥土和石块扔到东方的海边和北方最远的地方。

第二天一早，愚公带着儿孙们开始挖山。虽然一家人每天挖不了多少，但他们还是坚持挖。直到换季节的时候，才回家一次。

有个名叫智叟的老人得知这件事后，特地来劝愚公说："你这样做太不聪明了，凭你这有限的精力，又怎能把这两座山挖平呢？"愚公回答说："你这个人太顽固了，简直无法开导，即使我死了，还有我的儿子在这里。儿子死了，还有孙子，孙子又生孩子，孩子又生儿子。子子孙孙是没有穷尽的，而山却不会再增高，为什么挖不平呢？"

当时山神见愚公他们挖山不止，便向天帝报告了这件事。天帝被愚公的精神感动，派了两个大力神下凡，把两座山背走。从此，这里不再有高山阻隔了。

猴吃西瓜

猴王找到了一个大西瓜，可是，怎么吃呢？这个猴啊，是从来也没有吃过西瓜。忽然，他想出了一条妙计，于是，把所有的猴都召集来了。他清了清嗓子："今天，我找到了一个大西瓜。至于这西瓜的吃法嘛，我当然……当然是知道的。不过，我要考验一下大伙儿的智慧，看看谁能说出这西瓜的吃法。如果说对了，我可以多赏他一块。如果说错了，我可要惩罚他！"

大伙你看看我，我看看你，谁也没有吃过西瓜。小毛猴眨巴眨巴眼睛，挠了挠腮说："我知道，吃西瓜是吃瓢！""不对！小毛猴说得不对！"秃尾巴猴跳了起来:"我小的时候跟我妈去姥姥家,吃过甜瓜,吃甜瓜就是吃皮。我想,这甜瓜也是瓜,西瓜也是瓜,吃西瓜嘛,当然也是吃皮咯。"这时候,大伙争执起来,有的说:"吃西瓜吃皮!"有的说:"吃西瓜吃瓤!"可争了半天,也没争出个结果,于是都不由地把目光集中到一只老猴的身上……

这老猴认为出头露面的机会来了,他捋了捋胡子,打扫了一下嗓子说:"这吃西瓜嘛,当然……当然是吃皮咯。我从小就爱吃西瓜,而且……而且一直都是吃皮的。我想,我之所以老而不死,就是因为吃了这西瓜皮的缘故……"大伙都欢呼起来:"对!吃西瓜吃皮!""吃西瓜吃皮!"……

猴王认为找到了正确答案,他站起身来,上前一步,开言道:"对!大伙说得对!吃西瓜是吃皮。哼!就小毛猴崽子一个人说吃西瓜吃瓤,那就让他一个人吃吧!咱们大伙,都吃西瓜皮!"西瓜一刀两半,小毛猴吃瓤。大伙,是共分西瓜皮……有个猴吃了两口,就捅了捅旁边的说:"哎,我说这可不是滋味啊!""咳,老弟,我常吃西瓜,西瓜嘛,就是这味儿……"

卖火柴的小女孩

天又黑又冷,下着雪。大年夜,一个赤脚的小女孩在街上走着,她的脚冻得又红又青。她又冷又饿,在一个墙角里坐下来,缩成一团,她家和街上一样冷。她的手几乎冻僵了。她抽出一根火柴,在墙上擦燃。小女孩像坐在一个暖烘烘的大火炉前面。

她刚把脚伸出去,火柴灭了。她手里只有一根烧过的火柴梗。她又擦燃一根火柴,一只烤鹅从盘子里跳出来,背上插着刀和叉,向她走来。火柴又灭了,她面前只有一堵又厚又冷的墙。她又擦了一根火柴。这次,她坐在美丽的圣诞树下,小女孩刚向画面伸出手去,火柴又灭了。

她又擦了一根火柴。这次,在火光中出现疼爱她的奶奶,奶奶那样温和、慈爱。她赶紧擦燃整把火柴。奶奶把她搂在怀里,她俩在光明快乐中飞走了,越飞越高,飞到那没有寒冷、饥饿、痛苦的地方去了。第二天,太阳升起来了,照在她小小的尸体上。

最后一课(节选)

我每次抬起头来,总看见韩麦尔先生坐在椅子里,一动也不动,瞪着眼看周围的东西,好像要把这小教室里的东西都装在眼睛里带走似的。只要想想:四十年来,他一直在这里,窗外是他的小院子,面前是他的学生;用了多年的课桌和椅子,擦光了,磨损了;院子里的胡桃树长高了;他亲手栽的紫藤,如今也绕着窗口一直爬到屋顶了。可怜的人啊,现在要他跟这一切分手,叫他怎么不伤心呢?何况又听见他的妹妹在楼上走来走去收拾行李!他们明天就要永远离开这个地方了。

可是他有足够的勇气把今天的功课坚持到底。习字课完了,他又教了一堂历史。接着又教初级班拼他们的 ba,be,bi,bo,bu。在教室后排座位上,郝叟老头儿已经戴上眼镜,两手捧着他那本初级读本,跟他们一起拼这些字母。他感情激动,连声音都发抖了。听到他古怪的声音,我们又想笑,又难过。啊!这最后一课,我真永远忘不了!

忽然教堂的钟敲了十二下。祈祷的钟声也响了。窗外又传来普鲁士兵的号声,他们已经收操了。韩麦尔先生站起来,脸色惨白,我觉得他从来没有这么高大。

"我的朋友们啊,"他说,"我——我——"

但是他哽住了,他说不下去了。

他转身朝着黑板,拿起一支粉笔,使出全身的力量,写了两个大字:"法兰西万岁!"

然后他呆在那儿,头靠着墙壁,话也不说,只向我们做了一个手势:"放学了,你们走吧。"

丰碑

红军队伍在冰天雪地里艰难地前进。严寒把云中山冻成了一个大冰坨。狂风呼啸,大雪纷飞,似乎要吞掉这支装备很差的队伍。

将军早把他的马让给了重伤员。他率领战士们向前挺进,在冰雪中为后续部队开辟一条通路。等待他们的是恶劣的环境和残酷的战斗,可能吃不上饭,可能睡雪窝,可能一天要走一百几十里路,可能遭到敌人的突然袭击。这支队伍能不能经受住这样严峻的考验呢?将军思索着。

队伍忽然放慢了速度,前面有许多人围在一起,不知在干什么。将军边走边喊:"不要停下来,快速前进!"将军的警卫员回来告诉他:"前面有一个人被冻死了。"

将军愣了愣,什么话也没说,朝那边走去。

一个冻僵的老战士,倚靠一棵光秃秃的树干坐着,一动也不动,好似一尊塑像。他浑身都落满了雪,可以看出镇定、自然的神情,却一时无法辨认面目。半截带纸卷的旱烟还夹在右手的中指和食指间,烟火已被风雪打熄。他微微向前伸出手来,好像要向战友借火,单薄破旧的衣服紧紧地贴在他的身上。

将军的脸上顿时阴云密布,嘴角边的肌肉明显地抽动了一下,转过头向身边的人吼道:"叫军需处长来,为什么不给他发棉衣?"一阵风雪吞没了他的话。他红着眼睛,像一头发怒的狮子,样子十分可怕。

没有人回答他,也没有人走开……

"听见没有?警卫员!快叫军需处长跑步过来!"将军两腿的肌肉大幅度地抖动着,不知是由于冷,还是由于愤怒。

这时候,有人小声告诉将军:"他就是军需处长……"

将军就要发火的手势突然停住了。他怔怔地伫立了足有一分钟。雪花无声地落在他的脸上,溶化成闪烁的泪珠……他深深地呼出了一口气,缓缓地举起了右手,举至齐眉处,向那位与云中山化为一体的军需处长敬了一个庄严的军礼……

雪更大了,风更狂了。大雪很快覆盖了军需处长的身体,他变成了一座晶莹的丰碑。

将军什么话也没说,大步地钻进了弥天的风雪之中,他听见无数沉重而又坚定的脚步声,那声音似乎在告诉人们:如果胜利不属于这样的队伍,还会属于谁呢?

猪八戒吃西瓜

有一天,天热极了。唐僧、孙悟空、猪八戒、沙和尚他们走得又累又渴,孙悟空说:"你们在这儿歇一会儿,我去摘点水果来给大家解解渴。"猪八戒连忙说:"我也去,我也去!"他想:跟了孙悟空去,能早点吃到水果,还可多吃几个。猪八戒跟着孙悟空,走呀,走呀,走了许多路,连个小酸梨也没找着。他心里不高兴了,就哎哟哎哟的叫起来。

孙悟空知道猪八戒偷懒,不去理他,就一个跟头翻到南海去摘水果了。

猪八戒,找了个树荫,正想睡一觉,忽然看见山脚下有一个绿油油的东西,走过去一看,哈哈,原来是个大西瓜!他高兴极了,把西瓜切成了四块,自言自语地说:"第一块,请师父吃;第二块请孙悟空吃;第三块请沙和尚吃;第四块,嗯,是我的。"他张开大嘴巴,几口就把这块西瓜吃了。

"西瓜一块不够吃,我把孙悟空的那一块吃了吧。"他又吃了一块。

"西瓜真解渴,再吃一块也不算多,我把沙和尚的一块也吃了吧。"他又吃了一块,这下只留下唐僧的一块了。他捧起来,放下去,放下去,又捧起来,最后还是没忍住,把这块西瓜也吃了。

"八戒,八戒!"

猪八戒一听,是孙悟空在叫他呢,原来孙悟空在南海摘了蜜桃、甜枣、玉梨回来，正好看见猪八戒在切西瓜，就在云头上偷偷地瞧着呢。

"八戒，八戒，你在哪里？"

猪八戒慌了，心想，我找到大西瓜自己吃了，要是让孙悟空知道，告诉了师父，这就糟了。他连忙拾起四块西瓜皮，把它们扔得远远的，这才回答说："我，我在这儿呢！"孙悟空说："我摘了些果子，咱们回去一起吃吧。"猪八戒说："好的，好的。"八戒刚走了几步，就摔了一跤，脸都跌肿了，低头一看，原来是踩在了自己刚才扔的西瓜皮上了。

孙悟空说："是哪个懒家伙把西瓜皮乱丢，害得八戒摔了一跤！"

"哎，哎，不要紧，没摔痛！"

八戒和孙悟空继续往前走，啪嗒一下，八戒又摔了一跤。孙悟空说："哎呀，又是哪个懒家伙偷吃了西瓜，把西瓜皮乱丢。"

八戒心想：怎么又踩上一块西瓜皮，真倒霉！可要小心点儿。他刚想到这儿，忽然脚下一滑，又跌了一跤，孙悟空哈哈大笑，说："八戒！你今天怎么老是摔跤？"八戒的脸越涨越红，一句话也讲不出。总算要走到休息的地方了，八戒心想：一路上摔了三跤，摔得我好苦啊。啪嗒，又是一下，八戒重重地摔在地上，再也爬不起来了。

唐僧、沙和尚看见八戒脸上青一块、紫一块，肿了一大半，更加胖了，就问他是怎么回事。八戒结结巴巴地说："我不该一个人吃了一个大西瓜，这一路上摔了四跤。"说得大家都笑了起来。

皇帝的新装（节选）

皇帝在镜子面前转了转身子，扭了扭腰肢。"上帝，这衣服多么合身啊！式样裁得多么好看啊！"大家都说。"多么美的花纹！多么美的色彩！这真是一套贵重的衣服！""大家已经在外面把华盖准备好了，只等陛下一出去，就可撑起来去游行！"典礼官说。"对，我已经穿好了，"皇帝说，"这衣服合我的身吗？"于是他又在镜子面前把身子转动了一下，因为他要叫大家看出他在认真地欣赏他美丽的服装。那些将要托着后裙的内臣们，都把手在地上东摸西摸，好像他们正在拾起衣裙似的。他们开步走，手中托着空气，他们不敢让人瞧出他们实在什么东西也没有看见。这么着，皇帝就在那个富丽的华盖下游行起来了。站在街上和窗子里的人都说："乖乖，皇上的新装真是漂亮！他上衣下面的后裙是多么美丽！衣服多么合身！"谁也不愿意让人知道自己看不见什么东西，因为这样就会暴露自己不称职，或是太愚蠢。皇帝所有的衣服从来没有得到这样普遍的称赞。

"可是他什么衣服也没有穿呀!"一个小孩子最后叫出声来。"上帝哟,你听这个天真的声音!"爸爸说。于是大家把这孩子讲的话私自低声地传播开来。"他并没有穿什么衣服!有一个小孩子说他并没有穿什么衣服呀!""他实在是没有穿什么衣服呀!"最后所有的老百姓都说。皇帝有点儿发抖,因为他似乎觉得老百姓所讲的话是对的。不过他自己心里却这样想:"我必须把这游行大典举行完毕。"因此他摆出一副更骄傲的神气,他的内臣们跟在他后面走,手中托着一个并不存在的后裾。

我的1919

请允许我在正式发言之前,让大家看一样东西。

(掏出金表)

(牧野发言:我的,我的怀表……)

进入会场之前,牧野先生为了讨好我,争夺山东的特权,把这块金表送给了我。

(牧野发言:我抗议,这是盗窃,中国代表偷了我的怀表,这是公开的盗窃!无耻!极端的无耻!)

牧野男爵愤怒了,他真的愤怒了,姑且算是我偷了他的金表,那我倒想问问牧野男爵,你们日本,在全世界面前偷了整个山东省,山东省的三千六百万人民该不该愤怒,四万万中国人该不该愤怒!我想请问日本的这个行为算不算是盗窃,是不是无耻啊,是不是极端的无耻!!!

山东是中国文化的摇篮,中国的圣者孔子和孟子就诞生在这片土地上,孔子,孔子犹如西方的耶稣,山东是中国的,无论从经济方面还是战略上,还有宗教文化,中国不能失去山东,就像西方不能失去耶路撒冷!!!

尊敬的主席阁下,尊敬的各位代表,我很高兴能代表中国参加这次和会,我自感责任重大,因为我是代表了占全世界人口四分之一的中国在这里发言,刚才牧野先生说中国是未出一兵一卒的战胜国,这是无视最起码的事实,请看(拿出照片),战争期间,中国派往欧洲的老劳工就达十四万,他们遍布战场的各个角落,他们和所有战胜国的军人一样在流血,在牺牲,我想让大家再看一张在法国战场上牺牲的华工墓地照片,这样的墓地在法国在欧洲就有十几处,他们大多来自中国的山东省,他们为了什么,就是为了赢得这场战争!换回自己家园的和平和安宁!因此,中国代表团深信,会议在讨论中国山东省问题的时候,会考虑到中国基本的合法权益,也就是主权和领土完整;否则,亚洲将有无数的灵魂哭泣,世界不会得到安宁!

我的话完了，谢谢，谢谢！

尊敬的主席阁下，尊敬的各位代表，我，我，我很失望，最高委员会无视中国人民的存在，出卖了作为战胜国的中国，我很愤怒，我很愤怒，你们凭什么，凭什么把中国的山东省送给日本人，中国人已经做到了仁至义尽，我想问问，这样一份丧权辱国的协约，谁能接受？！所以，我们拒绝签字，请你们记住，请你们记住，中国人永远不会忘记这沉痛的一天！

第三节　朗诵训练

朗诵是最基本、最重要的语言技巧训练，是主持人、播音员包括演讲者的语言基本功。朗诵是一种艺术表演，是用清晰、响亮的声音，结合各种语言表达技巧来完善地表达作品思想感情的一种语言艺术。朗诵者要在深入分析理解作品内容的基础上，加深感受，产生真实的感情、鲜明的态度。要用优美的嗓音、生动的语气、丰富的感情、独特的感受和优雅自如的姿态和手势，牢牢地吸引和打动听众，产生撼人心魄的力量。朗诵者要做到以情带气、用气发声，在朗诵过程中心中有画面，眼里也要有画面感，要运用好表达的技巧，做到刚柔并济、虚实结合、跌宕起伏、强弱疾徐，以此加强语言的表现力和感染力，加深听众、观众对作品的理解，引起共鸣，激起感情，从而达到朗诵目的。

一个优秀的播音员、主持人、演讲者，除了拥有良好的语言表达能力、得体大方的仪态形象，还必须具备一定的文化底蕴。朗诵正是一门基于一定的文化底蕴和语言表达功底，从而表达文学作品本身思想感情的艺术。朗诵训练不仅可以改善播音员、主持人、演讲者的语音面貌，提升吐字归音和语言表达的能力，而且能在一定程度上增强其文化底蕴。

一、现代诗歌朗诵训练

现代诗歌由于打破了结构和音韵的限制，体现了真正的自由，表现出句无定字、篇无定句的特点，所以朗诵的时候在语言表达技巧上的处理相对于古诗朗诵没有那么固定化、程式化。现代诗歌的朗诵在明其思想、确定基调的前提下，停顿、重音、语调、节奏等要根据诗歌表现的思想和意境而变化。

大自然

春开秋落，潮涨潮落。

斗转星移，四季更替。

春天，万物复苏，百花争艳，

一个生机勃勃的大自然。
夏天，烈日骄阳，荷花盛开，
一个激情似火的大自然。
秋天，果实累累，百花凋零，
一个收获的大自然。
冬天，万里雪飘，银装素裹，
一个沉睡的大自然。
大自然以它独特的方式，展现在人类面前。
美哉，大自然！壮哉，大自然！

书

一页，像一扇大门，
我把它轻轻拉开。
每个字都笑着对我说：
喂，欢迎你进来。
不过，和我们交朋友呀，
要特别用心，特别勤快，
那不肯动脑筋的懒汉，
就是将一万扇门打开，
嘿嘿！莫怪，
还是会把他关在门外。

中国梦

岁月悠悠、人生漫漫，
那是一首激情澎湃的诗篇，
那是一片开满鲜花的风景，
那是一曲气势磅礴的交响，
那是一座壮志凌云的丰碑。
今天，一个大写的中国，
让人读得光明、读得酣畅！
今天，一个腾飞的中国，
让人读得生动、读得自豪！
不忘初心，继续前行，这就是我们，

希望的中国！
辉煌的中国！
青春的中国！

当你老了

当你老了，头发白了，睡意昏沉。
当你老了，走不动了，炉火旁打盹，回忆青春。
多少人曾爱你青春欢畅的时辰，爱慕你的美丽、假意或真心。
只有一个人还爱你虔诚的灵魂，爱你苍老的脸上的皱纹。
当你老了，眼眉低垂，灯火昏黄不定，
风吹过来，你的消息，这就是我心里的歌。

沁园春·雪

北国风光，千里冰封，万里雪飘。
望长城内外，惟余莽莽；大河上下，顿失滔滔。
山舞银蛇，原驰蜡象，欲与天公试比高。
须晴日，看红装素裹，分外妖娆。
江山如此多娇，引无数英雄竞折腰。
惜秦皇汉武，略输文采；唐宗宋祖，稍逊风骚。
一代天骄，成吉思汗，只识弯弓射大雕。
俱往矣，数风流人物，还看今朝。

长江之歌

你从雪山走来，春潮是你的风采；
你向东海奔去，惊涛是你的气概。
你用甘甜的乳汁，哺育各族儿女；
你用健美的臂膀，挽起高山大海。
我们赞美长江，你是无穷的源泉；
我们依恋长江，你有母亲的情怀。
你从远古走来，巨浪荡涤着尘埃；
你向未来奔去，涛声回荡在天外。
你用纯洁的清流，灌溉花的国土；
你用磅礴的力量，推动新的时代。

我们赞美长江，你是无穷的源泉；
我们依恋长江，你有母亲的情怀。

我爱这土地

假如我是一只鸟，
我也应该用嘶哑的喉咙歌唱：
这被暴风雨所打击着的土地，
这永远汹涌着我们的悲愤的河流，
这无止息地吹刮着的激怒的风，
和那来自林间的无比温柔的黎明……
——然后我死了，
连羽毛也腐烂在土地里面。
为什么我的眼里常含泪水？
因为我对这土地爱得深沉……

再别康桥

轻轻的我走了，正如我轻轻的来；我轻轻的招手，作别西天的云彩。
那河畔的金柳，是夕阳中的新娘；波光里的艳影，在我的心头荡漾。
软泥上的青荇，油油的在水底招摇；在康河的柔波里，我甘心做一条水草！
那榆荫下的一潭，不是清泉，是天上虹；揉碎在浮藻间，沉淀着彩虹似的梦。
寻梦？撑一支长篙，向青草更青处漫溯；满载一船星辉，在星辉斑斓里放歌。
但我不能放歌，悄悄是别离的笙箫；夏虫也为我沉默，沉默是今晚的康桥！
悄悄的我走了，正如我悄悄的来；我挥一挥衣袖，不带走一片云彩。

面朝大海，春暖花开

从明天起，做一个幸福的人
喂马、劈柴，周游世界
从明天起，关心粮食和蔬菜
我有一所房子，面朝大海，春暖花开
从明天起，和每一个亲人通信
告诉他们我的幸福
那幸福的闪电告诉我的
我将告诉每一个人

给每一条河每一座山取一个温暖的名字
陌生人，我也为你祝福
愿你有一个灿烂的前程
愿你有情人终成眷属
愿你在尘世获得幸福
我只愿面朝大海，春暖花开

我骄傲，我是中国人

我骄傲，我是中国人！
在无数蓝色的眼睛和褐色的眼睛之中，
我有着一双宝石般的黑色眼睛。
我骄傲，我是中国人！
在无数白色的皮肤和黑色的皮肤之中，
我有着大地般黄色的皮肤，
我骄傲，我是中国人！
我是中国人！
黄土高原是我挺起的胸脯，
黄河流水是我沸腾的热血；
长城是我扬起的手臂，
泰山是我站立的脚跟。
我是中国人！
我的祖先最早走出森林，
我的祖先最早开始耕耘。
我是指南针、印刷术的后裔，
我是圆周率、地动仪的子孙。
在我的民族中，
不光有史册上万古不朽的
孔夫子，司马迁，李自成，孙中山，
还有那文学史上万古不朽的
花木兰，林黛玉，孙悟空，鲁智深。
我骄傲，我是中国人！
我是中国人——
在我的国土上不光有

雷电轰不倒的长白雪山、黄山劲松，
还有那风雨不灭的井冈传统、延安精神，
我骄傲，我是中国人！
我是中国人！
我那黄河一样粗犷的声音，
不光响在联合国的大厦里，
大声发表着中国的议论，
也响在奥林匹克的赛场上，
大声高喊着"中国得分"。
当掌声把中国的旗帜送上蓝天，
我希望，我是中国人！
我是中国人！
我那长城一样的巨大手臂，
不光把采油机钻杆钻进
预言打不出石油的地心，
也把通信卫星送上祖先们
梦里也没有到过的白云。
当五大洋倾听东方声音的时候，
我骄傲，我是中国人。
我是中国人！
我是莫高窟壁画的传人，
让翩翩欲飞的壁画与我们同往。
我，就是飞天！
飞天，就是我们！！
我骄傲！！
我是中国人！！

二、古诗朗诵训练

古诗，语言凝练，内涵丰富，有着较为固定的语言形式和比较严格的韵律要求，所以具有韵律和谐、节奏感强的特点。

朗诵古诗要先了解其写作背景，理解写作内容，根据诗歌的思想情感，确定情感基调，再用声音、表情、动作去感染听众。

要注意，古诗的朗诵需要有激情的发动和强烈的感染力，要按照古诗的形式和韵律要求把握好语速的快、慢和语句的断、连,节奏宜慢不宜快,要有抑扬顿挫、跌宕起伏的感觉,要将鲜明的节奏与韵律相结合,这样才能造就诗歌所特有的旋律美和音乐性。

古诗朗诵具有很浓的表演性,反复吟咏方能渐入佳境,才能演绎出古诗的意境,最终达到诗人合一的最高境界。

登鹳雀楼
(唐)王之涣

白日依山尽,
黄河入海流。
欲穷千里目,
更上一层楼。

释义

夕阳依傍着西山慢慢地沉没,滔滔黄河朝着东海汹涌奔流。
若想把千里的风光景物看够,那就要登上更高的一层城楼。

赏析

前两句写所见。"白日依山尽"写远景,写山,写的是登楼望见的景色,"黄河入海流"写近景,写水,写得景象壮观。这里,诗人运用极其朴素、极其浅显的语言把进入广大视野的万里河山收入短短十个字中;而后人在读到这十个字时,也如临其地,如见其景,感到胸襟为之一开。

后两句写所想。"欲穷千里目",写诗人一种探求的愿望,还想看得更远,唯一的办法就是要站得更高些。这两句诗,是千古传诵的名句,看来只是平铺直叙地写出了这一登楼的过程,而含意深远,耐人探索。这里有诗人向上进取的精神、高瞻远瞩的胸襟,也道出了要站得高才看得远的哲理。

早发白帝城
(唐)李白

朝辞白帝彩云间,
千里江陵一日还。
两岸猿声啼不住,
轻舟已过万重山。

释义

清晨朝霞满天我就要踏上归程。从江上往高处看，可以看见白帝城如在云间，景色绚丽。千里之遥的江陵一天之间就已经到达。两岸猿猴的啼声回荡不绝。猿猴的啼声还回荡在耳边时，轻快的小船已驶过连绵不绝的万重山峦。

赏析

全诗给人一种空灵飞动之感。然而只看这首诗的气势的豪爽，还不能完全理解全诗。全诗洋溢的是诗人经过艰难岁月之后突然迸发的一种激情，所以在雄峻和迅疾中，又有豪情和欢悦。快船快意，给读者留下了广阔的想象余地。为了表达畅快的心情，诗人还特意用上平"删"韵的"间""还""山"来做韵脚，使全诗显得格外悠扬、轻快，回味悠长。诗人是把遇赦后愉快的心情和江山的壮丽多姿、顺水行舟的流畅轻快融为一体来表达的，随心所欲，自然天成。

游子吟

（唐）孟郊

慈母手中线，游子身上衣。
临行密密缝，意恐迟迟归。
谁言寸草心，报得三春晖。

释义

慈母手中那一条条的针线，
是为远行的儿子赶制身上的衣衫。
临行前一针针密密地缝缀，
怕的是儿子回来得晚衣服破损。
谁说子女那小草一样微弱的孝心，
能够报答得了像春晖普泽的慈母恩情呢。

赏析

深挚的母爱，无时无刻不在沐浴着儿女们，然而对于孟郊这位常年颠沛流离、居无定所的游子来说，最值得回忆的，莫过于母子分离的痛苦时刻了，此诗描写的就是这种时候。慈母缝衣的普通场景，表现的却是诗人深沉的内心情感，感人至深。这是一首母爱的颂歌，在宦途失意的境况下，诗人饱尝世态炎凉，穷愁终身，故愈觉亲情之可贵。"诗从肺腑出，出辄愁肺腑"，此诗虽无藻绘与雕饰，然而清新流畅、淳朴素淡中正见其诗味的浓郁醇美。

梅

（宋）王安石

墙角数枝梅，凌寒独自开。

遥知不是雪，为有暗香来。

释义

那墙角的几枝梅花，冒着严寒独自盛开。

为什么远望就知道洁白的梅花不是雪呢？

因为梅花隐隐传来阵阵的香气。

赏析

"墙角数枝梅"，"墙角"不引人注目，不易为人所知，更未被人赏识，却又毫不在乎。"墙角"这个环境突出了数枝梅身居简陋，孤芳自开的形态。体现出诗人所处环境恶劣，却依旧坚持自己的主张的态度。

"凌寒独自开"，"独自"，语意刚强，无惧旁人的眼光，在恶劣的环境中，依旧屹立不倒。体现出诗人坚持自我的信念。

"遥知不是雪"，"遥知"说明香从老远飘来，淡淡的，不明显。诗人嗅觉灵敏，独具慧眼，善于发现。"不是雪"，不说梅花，而梅花的洁白可见，意谓远远望去十分纯净洁白，但知道不是雪而是梅花。诗意曲折含蓄，耐人寻味。

"为有暗香来"，"暗香"指的是梅花的香气，以梅拟人，凌寒独开，喻其品格高贵。

诗人通过对梅花不畏严寒的高洁品性的赞赏，用雪喻梅的冰清玉洁，又用"暗香"点出梅胜于雪，说明坚强高洁的人格所具有的伟大魅力。作者在北宋极端复杂和艰难的局势下，积极改革，而得不到支持，其孤独心态和艰难处境与梅花自然有共通的地方。这首小诗意味深远，而语句又十分朴素自然，没有丝毫雕琢的痕迹。

草

（唐）白居易

离离原上草，一岁一枯荣。
野火烧不尽，春风吹又生。
远芳侵古道，晴翠接荒城。
又送王孙去，萋萋满别情。

释义

长长的原上草是多么茂盛，每年秋冬枯黄春来草色浓。
无情的野火只能烧掉干叶，春风吹来大地又是绿茸茸。
野草野花蔓延着淹没古道，艳阳下草地尽头是你征程。
我又一次送走知心的好友，茂密的青草代表我的深情。

赏析

多么茂盛（"离离"）的原上草，抓住"春草"生命力旺盛的特征。"一岁一枯荣"，野草是一年生植物，春荣秋枯，岁岁循环不已。两个"一"字复叠，形成咏叹呈现出一种生生不已的情味。

"野火烧不尽，春风吹又生。"由概念一变而为形象的画面。古原草的特性就是具有顽强的生命力，它是斩不尽、锄不绝的，只要残存一点根须，来年会更青更长，很快蔓延原野。作者抓住这一特点，写作"野火烧不尽"，便造就一种壮烈的意境。野火燎原，瞬息间，大片枯草被烧得精光。而强调毁灭的力量，毁灭的痛苦，是为着强调再生的力量、再生的欢乐。烈火是能把野草连茎带叶统统"烧尽"的，然而作者偏说它"烧不尽"，大有意味。因为烈火再猛，也无奈那深藏地底的根须，一旦春风化雨，野草的生命便会复苏，以迅猛的长势，重新铺盖大地。看那"离离原上草"，不正是绿色的胜利的旗帜吗！

此二句不但写出"原上草"的性格，而且写出一种从烈火中再生的理想的典型，一句写枯，一句写荣，"烧不尽"与"吹又生"是何等唱叹有味，对仗亦工致天然，故卓绝千古。

全诗自然流畅而又工整，融入深切的生活感受，故字字含真情，语语有余味，不但得体，而且别具一格，故能称为绝唱。

秋词

（唐）刘禹锡

自古逢秋悲寂寥，我言秋日胜春朝。
晴空一鹤排云上，便引诗情到碧霄。

释义

自古以来每逢秋天都会感到悲凉寂寥，我却认为秋天要胜过春天。

万里晴空，一只鹤凌云飞起，就引发我的诗兴到了蓝天上了。

赏析

秋，在大自然中，扮演的永远是一个悲怀的角色。

然而刘禹锡的《秋词》，却另辟蹊径，一反常调，它以其最大的热情讴歌了秋天的美好。更为难能可贵的是，《秋词》还是诗人被贬朗州（今湖南常德）后的作品，让人佩服刘禹锡的待人处世态度。

"自古逢秋悲寂寥，我言秋日胜春朝。"悲，就成了秋的一种色调，一种情绪；愁，也就成了心上的秋了。然而，诗人开篇，即以议论起笔，断然否定了前人悲秋的观念，表现出一种激越向上的诗情。"我言"体现出的是诗人的自信，这种自信，尽管染上的是一种不幸的色彩，诗人阔大的胸襟却包容了这种不幸。"胜春朝"就是诗人对于秋景最为充分的认可。这种认可，绝非一时的感性冲动，而是融入了诗人对秋天的更高层次的理性思考。

"晴空一鹤排云上，便引诗情到碧霄。"诗人抓住秋天"一鹤凌云"这一别致的景观的描绘，展现的是秋高气爽、万里晴空、白云飘浮的开阔景象。那凌云的鹤，也载着诗人的诗情，一同遨游到了云霄。虽然，这鹤是孤独的，它所呈现出来的气势却是非凡的。也许诗人是以"鹤"自喻，也许是诗人视"鹤"为不屈的化身。这里有哲理的意蕴，也有艺术的魅力，引人深思，耐人吟咏。它给予读者的，不仅仅是秋天的生机和素色，更多的是一种高扬的气概和高尚的情操。

读这样的诗，洋溢在我们心头的，绝非什么悲凉的气息，我们随着诗人的"诗情"，借助诗人想象的翅膀，天马行空般驰骋于碧空之上。于是，鹤飞之冲霄，诗情之旷远，"实"和"虚"便融合在了一起，所获得的全然是一种励志冶情的美的感受。

全诗气势雄浑，意境壮丽，融情、景、理于一炉，表现出的高扬精神和开阔胸襟，唱出的那曲非同凡响的秋歌，为我们后人留下的，却是一份难能可贵的精神财富。

春夜喜雨
（唐）杜甫

好雨知时节，当春乃发生。
随风潜入夜，润物细无声。
野径云俱黑，江船火独明。
晓看红湿处，花重锦官城。

释义

好雨似乎会挑选时辰，降临在万物萌生之春。
伴随和风，悄悄进入夜幕。细细密密，滋润大地万物。
浓浓乌云，笼罩田野小路，点点灯火，闪烁江上渔船。
明早再看带露的鲜花，成都满城必将繁花盛开。

赏析

这首诗描写细腻、动人。诗的情节从概括的叙述到形象的描绘，由耳闻到目睹，自当晚到次晨，结构谨严，用词讲究。颇为难写的夜雨景色，却写得十分耀眼突出，使人从字里行间呼吸到一股令人喜悦的春天气息。这首诗题虽是《春夜喜雨》，但是全诗不露喜字，却又始终充满喜意。显然，诗人这种感情的产生绝不是出于一时的冲动，而是有其现实基础的。据史书记载，在杜甫写作此诗的前一年，京畿一带就有严重灾荒，"米斗至七千钱，人相食"（《资治通鉴·唐纪》）。因此，杜甫一听到雨声，就感到无限喜悦，这种喜悦恰好反映了诗人关心人民疾苦的崇高的思想感情。

枫桥夜泊
（唐）张继

月落乌啼霜满天，江枫渔火对愁眠。
姑苏城外寒山寺，夜半钟声到客船。

释义

月亮已落下，乌鸦啼叫，寒气满天，对着江边枫树和渔火忧愁而眠。
姑苏城外那寂寞清静的寒山古寺，半夜里敲钟的声音传到了客船。

赏析

　　这首七绝以一"愁"字统起。前二句意象密集：落月、啼乌、满天霜、江枫、渔火、不眠人，造成一种意韵浓郁的审美情境。后两句意象疏宕：城、寺、船、钟声，是一种空灵旷远的意境。江畔秋夜渔火点点，羁旅客子卧闻静夜钟声。所有景物的挑选都独具慧眼：一静一动、一明一暗、江边岸上，景物的搭配与人物的心情达到了高度的默契与交融，共同形成了这个成为后世典范的艺术境界。

送元二使安西

（唐）王维

渭城朝雨浥轻尘，客舍青青柳色新。
劝君更尽一杯酒，西出阳关无故人。

释义

　　清晨的微雨湿润了渭城地面的灰尘，空气清新，旅舍更加青翠。真诚地奉劝我的朋友再干一杯美酒，向西出了阳关就难以遇到故旧亲人了。

赏析

　　这首诗所描写的是一种非常普遍的离别。它没有特殊的背景，有的是至深的惜别之情，所以，它适合大多数别筵离席颂唱，后来纳入乐府，成为久唱不衰的歌曲。

　　诗人记录下这临行送别时的一瞬，使其成为永恒。老友即将远行，将赴满地黄沙的边疆绝域。此时一别，不知何日才能再见，千言万语无从说起，能说出口的只有一句：喝下这杯离别的酒吧！依依惜别之情、所有的关怀与祝福早已融进了这一杯酒中。

明日歌

（明）钱福

明日复明日，明日何其多。
我生待明日，万事成蹉跎。
世人若被明日累，
春去秋来老将至。
朝看水东流，暮看日西坠。

百年明日能几何？
请君听我明日歌。

释义
明天又一个明天，明天何等的多。
如果天天只空等明天，那么只会空度时日，一事无成。
世人和我一样辛苦地被明天所累，一年年过去马上就会老。
早晨看河水向东流逝，傍晚看太阳向西瞬息坠落。
人的一生又能有多少个明天呢？请您听取我的《明日歌》。

赏析
这一首诗七次提到"明日"，劝告迷失的世人珍惜每一天，活在当下，不要永远等待明日而浪费时间，蹉跎光阴。诗歌的意思浅显，语言明白如话，说理通俗易懂，很有教育意义。

《明日歌》自问世至今，数百年来广为世人传颂，经久不衰。诗人在作品中告诫和劝勉人们要牢牢地抓住稍纵即逝的今天，今天能做的事一定要在今天做，不要把任何计划和希望寄托在未知的明天。今天才是最宝贵的，只有紧紧抓住今天，才能有充实的明天，才能有所作为，有所成就。否则，"明日复明日"，到头来只会落得个"万事成蹉跎"，一事无成，悔恨莫及。因此，无论做什么事都应该牢牢铭记：一切从今天开始，一切从现在开始。

桃花庵歌
（明）唐寅

桃花坞里桃花庵，桃花庵下桃花仙；桃花仙人种桃树，又摘桃花卖酒钱。
酒醒只在花前坐，酒醉还来花下眠；半醒半醉日复日，花落花开年复年。
但愿老死花酒间，不愿鞠躬车马前；车尘马足富者趣，酒盏花枝贫者缘。
若将富贵比贫贱，一在平地一在天；若将贫贱比车马，他得驱驰我得闲。
别人笑我太疯癫，我笑他人看不穿；不见五陵豪杰墓，无花无酒锄作田。

释义
桃花坞里有桃花庵，桃花庵下有桃花仙。
桃花仙人种了桃树，又折下桃花枝去抵酒钱。
酒醒了也只是坐在桃花前，喝醉了就要在桃花下睡觉。

日复一日地在桃花旁，年复一年地酒醉又酒醒。

不愿意在华贵的车马前弯腰屈从，只希望在赏花饮酒中度日死去。

车马奔波是富贵人的乐趣所在，而无财的人追寻的是酒盏和花枝。

如果将富贵和贫贱相比，那是天壤之别。

如果将清贫的生活与车马劳顿的生活相比，他们得到的是奔波之苦，我得到的是闲适之乐。

世间的人笑我太疯癫了，我笑他们都太肤浅。

还记得五陵豪杰的墓前没有花也没有酒，如今都被锄作了田地。

赏析

全诗画面艳丽清雅，风格秀逸清俊，音律回风舞雪，意蕴醇厚深远。虽然满眼都是花、桃、酒、醉等香艳字眼，却毫无低俗之气，反而笔力直透纸背，让人猛然一醒。唐寅诗画得力处正在于此，这首诗也正是唐寅的代表作。

诗歌前四句是叙事，说自己是隐居于苏州桃花坞地区桃花庵中的桃花仙人，种桃树、卖桃花沽酒是其生活的写照，这四句通过顶的手法，有意突出"桃花"意象，借桃花隐喻隐士，鲜明地刻画了一位优游林下、洒脱风流、热爱人生、快活似神仙的隐者形象。

次四句描述了诗人与花为邻、以酒为友的生活，无论酒醒酒醉，始终不离开桃花，日复一日，年复一年，任时光流转、花开花落而初衷不改，这种对花与酒的执着正是对生命极度珍视的表现。

下面四句直接点出自己的生活愿望：不愿低三下四追随富贵之门，宁愿老死花间，尽管富者有车尘马足的乐趣，贫者自可与酒盏和花枝结缘。通过对比，写出了贫者与富者两种不同的人生乐趣。

接下去四句是议论，通过比较富贵和贫穷的优缺点，深刻地揭示贫与富的辩证关系：表面上看富贵和贫穷一个在天一个在地，但实际上富者车马劳顿，不如贫者悠闲自得，如果以车马劳顿的富贵来换取贫者的闲适自在，作者认为是不可取的，这种蔑视功名富贵的价值观在人人追求富贵的年代无异于石破天惊，体现了作者对人生的深刻洞察和超脱豁达的人生境界，是对人生的睿智选择，与富贵相连的必然是劳顿，钱可以买来物质却买不来闲适、诗意的人生，尽管贫穷却不失人生的乐趣，精神上的富足正是古代失意文人的人生写照。

通观全诗，层次清晰，语言浅近，回旋委婉，近乎民谣式的自言自语，然而就是这样的自言自语，蕴含无限的艺术张力，给人以绵延的审美享受和强烈的认同感，不愧是唐寅诗中之最上乘者。

将进酒
（唐）李白

君不见黄河之水天上来，奔流到海不复回。
君不见高堂明镜悲白发，朝如青丝暮成雪。
人生得意须尽欢，莫使金樽空对月。
天生我材必有用，千金散尽还复来。
烹羊宰牛且为乐，会须一饮三百杯。
岑夫子，丹丘生，将进酒，杯莫停。
与君歌一曲，请君为我倾耳听。
钟鼓馔玉不足贵，但愿长醉不愿醒。
古来圣贤皆寂寞，惟有饮者留其名。
陈王昔时宴平乐，斗酒十千恣欢谑。
主人何为言少钱，径须沽取对君酌。
五花马，千金裘，呼儿将出换美酒，与尔同销万古愁。

释义

　　你难道没有看见吗？那黄河之水犹如从天上倾泻而来，波涛翻滚直奔东海从来不会再往回流。

　　你难道没有看见，在高堂上面对明镜，深沉悲叹那一头白发？早晨还是青丝到了傍晚却变得如雪一般。

　　人生得意之时就要尽情地享受欢乐，不要让金杯无酒空对皎洁的明月。

　　上天造就了我的才干就必然是有用处的，千两黄金花完了也能够再次获得。

　　且把烹煮羔羊和宰牛当成一件快乐的事情，如果需要也应当痛快地喝三百杯。

　　岑勋，元丹丘，快点喝酒，不要停下来。

　　我给你们唱一首歌，请你们为我倾耳细听。

　　山珍海味的豪华生活算不上什么珍贵，只希望能醉生梦死而不愿清醒。

　　自古以来圣贤都是孤独寂寞的，只有会喝酒的人才能够留传美名。

　　陈王曹植当年设宴平乐观，喝着名贵的酒纵情地欢乐。

　　你为何说我的钱不多？只管把这些钱用来买酒一起喝。

　　名贵的五花良马，昂贵的千金皮衣，快叫侍儿拿去统统来换美酒吧，让我们一起来消除这无尽的长愁！

赏析

这首诗意在表达人生几何、及时行乐、圣者寂寞、饮者留名的虚无消沉思想，愿在长醉中了却一切。诗的开头六句，写人生寿命如黄河之水奔腾入海，一去不复返，如此，应及时行乐，莫负光阴。"天生"十六句，写人生富贵不能长保，因而"千金散尽""且为乐"。同时指出自古圣贤皆寂寞，只有"饮者"留名千古，并以陈王曹植为例，抒发了诗人内心的不平。"主人"六句结尾，写诗人酒兴大作，"五花马""千金裘"都不足惜，只图一醉方休，表达了诗人旷达的胸怀。"天生我材必有用"句，是诗人自信为人的自我价值，也流露怀才不遇和渴望入仕的积极思想感情。

本诗深沉浑厚，气象不凡。情极悲愤狂放，语极豪纵沉着，大起大落，奔放跌宕。诗句长短不一，参差错综；节奏快慢多变，一泻千里。《将进酒》一诗，可谓是李白人生的写照。有人称《将进酒》是李白诗歌艺术的巅峰之作，也有人称那不过是他醉酒后的胡言乱语。其人，其诗，其酒，三位一体，方是真正的李白。

第四节 其他语言艺术形式综合训练

一、儿歌、童谣训练

下面的儿歌和童谣短小精巧，结构划一，易学易诵，其语言活泼，富于音韵，节奏明快，朗朗上口，对于我们用气发声、纠正语音、增强表达能力、提升表达技巧有积极促进作用。诵读要做到：声音洪亮，语音清晰，富有感情，节奏感强。

新年到

新年到，放鞭炮，噼噼啪啪真热闹。
耍龙灯，踩高跷，包饺子，蒸甜糕，
奶奶笑得直揉眼，爷爷乐得胡子翘。

装梨

小丽丽，小黎黎，
叫来妹妹和弟弟。

小竹篮，手中提，
同到梨园去装梨。
一二三，三二一，
一二三四五六七。
篮装梨，摆整齐，
丽丽黎黎笑眯眯。

虫儿的歌

什么虫儿嗡嗡嗡？
什么虫儿提灯笼？
什么虫儿爱跳舞？
什么虫儿吃害虫？
蜜蜂飞来嗡嗡嗡，
萤火虫儿提灯笼，
花儿蝴蝶爱跳舞，
蜻蜓最爱吃害虫。

懒孩子和大傻子

穿衣要人系扣子，
下床要人提鞋子，
洗脸要人端盆子，
漱口要人送杯子，
吃饭要人递筷子，
写字要人搬椅子，
方便要人提裤子，
睡觉要人铺被子，
小时是个懒孩子，
长大是个大傻子。

拉大锯

拉大锯，扯大锯，姥姥门口唱大戏。
接闺女，请女婿，小外孙子也要去。
今儿搭棚，明儿挂彩，

羊肉包子往上摆，
不吃不吃吃二百。

冬爷爷

冬爷爷，走得忙，匆匆来到小鱼塘。
来到鱼塘变魔术，空手安上玻璃窗。
鱼儿住进水晶宫，不怕风吹不受凉。

盘古开天地

盘古开天地，五帝传文明，
春秋尊五霸，战国推七雄，
千古出一帝，唐宋元明清，
上下五千年，中华历史长，
长城万里路，运河千帆忙，
古有都江堰，今有三峡坝，
中华复兴梦，要靠你我他。

骆　驼

骆驼骆驼志气大，风吹日晒都不怕。
走沙漠，运盐巴，再苦再累不讲话。

螳　螂

螳螂哥，螳螂哥，肚儿大，吃得多。
飞飞能把粉蝶捕，跳跳能把蝗虫捉。
两把大刀舞起来，一只害虫不放过。

艳阳天

艳阳天，春光好，风和日暖真逍遥。
红的花，青的草，杨柳树下有小桥，小桥底下小船摇。
这一边，兄弟姐妹放风筝；那一边，叔叔爷爷把鱼钓。
小牧童，穿布鞋，戴上一顶黄草帽，又把横笛插在腰。

月月红

正月新春舞龙灯，
二月郊外放风筝，
三月清明杨柳绿，
四月牡丹花正红，
五月端午赛龙舟，
六月荷花满池塘，
七月牛郎会织女，
八月中秋桂花香，
九月登高过重阳，
十月满园橘子黄，
冬月大雪压青松，
腊月梅花傲冰霜。

二、贯口训练

"贯口"是对口相声中常见的表现形式，也叫"背口"。"贯口"的"贯"字，是一气呵成、一贯到底的意思。贯口能有效地锻炼语言基本功，它可以矫正发音部位，促使反应敏捷、用气自如、吐字清晰。"贯口"表演，要做到语言流畅，字音清晰，情绪饱满而连贯，语气轻重适当，快而不乱，慢而不断，犹如断线珍珠，一气呵成。

祝大家：
身体好、心情好、家庭好、事业好、前程好、运气好、生活好、人生旅途样样都好！
祝大家：
东成西就、南通北达、左右逢源、上下皆宜、财源广进、生活幸福、家庭美满、身体健康、万事如意！
祝大家：
一飞冲天，二龙腾飞，三阳开泰，四季平安，五福临门，六六大顺，七星高照，八方来财，九转功成，十全十美！
北京有天安门、地安门、和平门、宣武门、东便门、西便门、东直门、西直门、广安门、复兴门、德胜门、安定门、朝阳门、建国门、崇文门、广渠门、永——定——门。

我玩儿过的球类有：

篮球、足球、手球、网球、羽毛球、乒乓球、曲棍球、排球、水球、桌球、橄榄球、冰球、垒球、棒球、溜溜球。

旅游界、经济界、财经界、理论界、车世界、企业界——我这儿老板云集。

收藏界、学术界、美术界、小说界、视听界、外语界、艺术界——我这儿大师满座。

黑的、白的、红的、黄的、
紫的、绿的、蓝的、灰的、
你的、我的、他的、她的、
大的、小的、圆的、扁的、
好的、坏的、美的、丑的，
新的、旧的各种款式各种花色任你选择。

我看过：
当代小说、都市小说、长篇小说、
精短小说、网络小说、校园小说、
科幻小说、言情小说、少年小说；
我读过：
故事大王、科幻大王、漫画大王、
数学大王、童话大王、作文大王、
电脑大王、音乐大王、书画大王。
我有：
车主之友、读者之友、妇女之友、果农之友、家庭之友、健康之友、科学之友、领导之友、美术之友、秘书之友、汽车之友、人民之友、生活之友、学生之友、作文之友。我的朋友遍天下。

黄金时代、开放时代、科学时代、
旅游时代、明星时代、汽车时代、
商业时代、幼儿时代、儿童时代、

少年时代、中学时代、青年时代、
数码时代、数字时代、致富时代。
我也赶上好时代。

出东门，过大桥，大桥前面一树枣，
拿着竿子去打枣，青的多，红的少，
一个枣，两个枣，三个枣，四个枣，
五个枣，六个枣，七个枣，八个枣，
九个枣，十个枣；十个枣，九个枣，
八个枣，七个枣，六个枣，五个枣，
四个枣，三个枣，两个枣，一个枣，
这是一个贯口词，一口气说完才算好。

进了门儿，倒杯水儿，喝了两口儿运运气儿，顺手儿拿起小唱本儿，唱一曲儿，又一曲儿，练完了嗓子我练嘴皮儿。绕口令儿，练字音儿，还有单弦儿牌子曲儿，小快板儿，大鼓词儿，越说越唱我越带劲儿，我是越说越唱越——带——劲儿！

正月十五龙灯会，有对狮子滚绣球，三月三，王母娘娘蟠桃会，大闹天宫孙悟空，五月初五端阳日，白蛇许仙不到头，七月七，传说本是天河配，牛郎织女泪交流，八月十五云遮月，月里的嫦娥犯忧愁，要说愁，净说愁，唱一段贯口词儿十八愁。

三、快板训练

快板是一种传统说唱艺术，属于中国曲艺的一种表演形式，早年称作"数来宝"，也称"顺口溜""流口辙""练子嘴"。快板讲究吐字归音，要做到气运丹田、情感充沛，要"有劲""有味""有韵"。练习快板可以强化对用气发声、语音辨析以及重音、停连、语调、节奏的训练。由于表演过程又要顾说演，又要顾打板，还能锻炼一心二用的综合节奏能力。

打竹板，响连天，我给大伙儿来拜年。
磕头行礼太麻烦，鞠躬礼节不周全，
拱手一礼做个揖，来点掌声更美满。

一拜大家身体棒，二拜大家心情爽，
三拜家庭多和睦，四拜大家财运旺，
五拜大家时运通，六拜大家爱老幼，
七拜大家朋友多，八拜大家诸事顺，
九拜大家胃口好，十拜大家永不老。

哎！打竹板，卖年货，
还没开张先逗乐！
卖服装！赶潮流，新年不为穿衣愁，
穿上新衣逛大楼，回头概率多一筹。
卖生鲜！挎菜篮，肩扛柴米和油盐，
生猛海鲜样样全，手提猪肉过大年。
卖玩具，娃哈哈，稀奇搞怪买回家，
买个陀螺团团转，玩具枪里打软弹。
卖窗花，卖对联，请个财神过小年，
卖数码，卖家电，一百英寸回家看。
恭祝大家新年好，
福禄寿喜都不少，福禄寿喜都——不——少。

各位朋友大家好，我来上台做介绍，
别看我，年龄不大个儿不高；
但是我，口齿伶俐嘴巴巧。
从小能说又会道，妙语好似连珠炮，
能言善辩呱呱叫，出口成章不得了。
口才口才是件宝，工作生活都需要，
经常锻炼和提高，生活变得更美好、更美好！

有座花园真是大，姹紫嫣红开满花：
花中之王牡丹花，花中皇后月季花。
凌波仙子水仙花，月下公主是昙花。
清新淡雅吊兰花，烂漫多彩杜鹃花。
芳香四溢茉莉花，金钟倒挂灯笼花。
要问哪朵最潇洒？风度翩翩口才花。

说国庆，道国庆，
举国上下齐欢庆。
说中国，道中国，
我要来把祖国说。
我的家乡在东北，
幅员辽阔景色美，
物产富饶让人醉。
中国的山，中国的水，
山山水水真秀美。
说名山，道名山，
中国的名山千万千。
长白山上白头山，
佛教名山峨眉山，
东岳有泰山，西岳有华山，
中岳有嵩山，南北有衡（恒）山，
这五山称五岳，
闻名天下人人传。
天下奇山是黄山，
珠穆朗玛最高山。
庐山瀑布见诗篇，
疑是银河落九天。
桂林山水天下传，
钱塘江潮壮无观，
钱塘江潮壮——无——观。

走上台来笑哈哈，台上台下如一家。
今天不把别的讲，我把山东夸一夸。
自古齐鲁多名胜，山水名人冠中华。
一山一水一圣人，山东威名传天下。
水浒一百单八将，逼上梁山做强梁。
鲁中潍坊风筝都，强项县令板桥当。
甲午海战威海卫，名标青史邓世昌。

历史胜迹说不尽，一代新人换旧人。
沂蒙山上风光好，革命老区天下闻。
微山湖里游击队，铁道线上杀敌人。
中日血战台儿庄，惊天动地泣鬼神。
山东不光历史好，今天仍然不得了。
烟台山上望海潮，骏马奔驰养马岛。
山东高角成山头，人称中国好望角。
海尔集团在青岛，景色宜人环境好。
走遍东西南北中，最好还是回山东！

小朋友们听我言，我把道德来宣传。
基本道德有四条，每个公民要记牢。
基本道德十六字，爱国守法讲品质，
明礼诚信不能忘，勤俭自强有理想，
团结友善懂礼貌，敬业奉献传捷报。
道德素质要提高，从我做起赶帮超。
团结友爱互帮助，善待他人有讲究。
孝顺父母解忧愁，热爱劳动"小帮手"。
勤奋学习有精神，勇于创新"小主人"。
乱涂乱画要禁止，爱护公物"小卫士"。
诚实还得守法令，遵纪守法"小标兵"。
热爱祖国讲文明，道德公民把我评。
小朋友们快来学，道德纲要不能缺。
全面发展素质高，祖国建设更富饶。
道德建设记在心，争做合格"小公民"。

头次见面用久仰，很久不见说久违。
认人不清用眼拙，向人表歉用失敬。
请人批评说指教，求人原谅用包涵。
请人帮忙说劳驾，请给方便说借光。
麻烦别人说打扰，不知适宜用冒昧。
求人解答用请问，请人指点用赐教。
赞人见解用高见，自身意见用拙见。

看望别人用拜访，宾客来到用光临。

莫生气啊莫生气，人生就像一场戏，
气出病来无人替，因为有缘才相聚！
我若气死谁如意，相扶到老不容易，
况且伤神又费力，是否更该去珍惜！
邻居亲朋不要比，为了小事发脾气；
儿孙琐事由它去，回头想想又何必；
吃苦享乐在一起，别人生气我不气。

大家发言真热闹，排出规则很多条。
我打竹板说一段，奉劝各位要记牢。
交通安全最重要，关系性命莫小瞧。
学规则、守规则，时时处处做得好。
步行骑车靠右行，中间让给汽车跑。
横过马路左右看，还要走在行道上。
冰雪日子虽然少，事故率却比较高。
慢行小心要警惕，不让自己多摔跤。
同志们，要知晓，出了事故不得了。
时刻养成好习惯，牢记在心别忘掉。
交通安全已明了，法制安全知多少。
法制安全知——多——少！

第五节　语言组织能力训练

　　语言组织能力是指在口语（说话、交流、演讲、主持、做报告）和书面语（写文章）中使用字、词、句、段的能力。较强的语言组织能力是指能准确地使用词语，意义清晰，结构恰当，句子简练，文字连贯，语言通俗易懂，符合规范，能清楚、准确、恰当地表达客观概念，没有语病。语言组织能力是衡量一个人是否具备交谈口才的重要标准，是思维逻辑性和敏捷性的重要体现，是一个主持人、演讲者语言文字功底和临场应变能力的展现。
　　提高语言组织能力的方法：
　　多听，就是在与别人交流时多听别人说话的方式，从中学习良好的口语技能,从而提高语言组织能力,也为多说做好准备。

多读,就是多读好书,培养好的阅读习惯,从书中学习语言表达的方式和技巧。知识会增加语言材料,让人更有气质。

多说,并不是逮什么说什么,乱说一气,而是有准备、有计划、有条理地去说,或者是介绍,或者是演讲,要说得好、说得精彩,必须有充分的准备,而这一准备过程和实际说的过程,也就是在练习语言表达的过程。

多写,养成多写的习惯,以各种形式记录日常观察和心得,有规律地处理和组织思维。

根据下面的提示和要求进行语言组织能力训练,要做到语音标准、用词准确、句子精炼、语法规范、自然流畅。

一、场景模拟训练(根据框架结构组织语言)

第一天走进大学,自我介绍

(1)告知自己的基本情况和信息。
(2)抓住自己的特点,介绍自己的亮点,让别人记住你。
(3)用谦虚和鼓励的话语进行结尾。

获奖发言

(1)问好。
(2)感谢。
(3)感受。
(4)回顾。
(5)祝愿。

即兴演讲:年终工作总结

(1)开场白。
(2)过去。
(3)现在。
(4)未来。
(5)重申。
(6)结束语。

二、话题训练

我喜欢的动物

(介绍自己喜欢的动物的基本特征,它和其他动物不同的地方,突出的特点，为什么喜欢它。）

优秀人的品质

（结合书本上电影、电视剧中和现实生活中的人和故事，列出你认为优秀人应该具有的品质，并举例说明。）

喜欢的季节

（介绍你喜欢的季节的特点，为什么喜欢它，它给你带来了什么样的感受。）

我的一次旅游

（介绍你印象最深的一次旅游，看到的景物事物，遇到的人，给你的启发。）

最喜欢的电影

（介绍你最喜欢的电影，大体描述电影内容，说明好在哪里，带给你的启示，有什么现实意义。）

三、词语串联训练

根据给出的几个词语来组织一段语言，语言中要出现这几个词语，表达要有思想、有意义。

（1）　太阳　　小学生　　游戏
（2）　知识　　迷茫　　工作
（3）　老鹰　　暴风雨　　小鸡　　强者
（4）　衣服　　爱心　　学校　　幸福
（5）　恐龙　　人类　　科技　　奥运会　　强国
（6）　毒品　　手机　　教育　　骄傲　　财富

四、看图说话训练

请描述画中的事物，解释画中蕴含的意义、所要表达的思想，结合现实生活谈谈你的见解。切忌语无伦次、表达没有重点。

1.

2.

3.

4.

5.

五、主持词创作训练

根据提示，写出简短的主持词，并现场模拟主持。

（1）抗震救灾文艺汇演：赞美英雄　无私奉献　失去亲人　悲痛不已　一方有难，八方支援　迎难而上　共建家园

（2）诗歌朗诵会：四大古国　文化底蕴深厚
诗中有画　人生哲学　温暖心灵
腹有诗书气自华　传承国学　弘扬中华文化

（3）毕业欢送晚会：大学时光
老师的辛勤栽培　父母教导　同学相互帮助
分别的伤感　祝福　新的学业　新的征程　展翅飞翔

（4）好人好事颁奖晚会：感动人心
敬老　救人　公益　志愿者服务
个人信念　生命意义　社会进步　国家强大

（5）新春晚会：辞旧迎新
回首过去　展望未来
祝福　心愿　欢聚　激情　昌盛　辉煌

第四章 实战训练

本章对主持、播音、演讲三种语言艺术形式的特点、类别、训练要领进行分析介绍,模拟各种场景和主题进行实战训练。

第一节 主持综合训练

一、舞台主持训练

舞台主持人是舞台节目整体效果的引导者,其对整个舞台各个环节的把控是直观且非常重要的。主持人既要传达节目信息,又要把控全场氛围。可以说,任何一场成功的晚会都离不开主持人独具匠心的主持活动。

语言是舞台主持人魅力的灵魂,语言的表述、停顿、节奏和音色展示着舞台主持独有的魅力。在主持过程中,主持人要利用口头语言和肢体语言连接节目和观众的心灵,要根据节目内容、晚会程序和观众情绪,借助有效的语言做好承上启下的工作。同时,舞台主持人必须具备灵活的应变能力,能够控制局面,及时化解活动过程中出现的各种临时性问题,使危机得以消除。

由于舞台主持人直接面对广大观众,主持人的任何一个动作、一句话都能给观众留下深刻的印象,所以舞台主持人的服饰、礼仪规范也非常重要。

1.
尊敬的各位来宾,亲爱的各位朋友,大家上午好!
在这金秋十月的季节里,我们满心欢喜。
在这生龙活虎的舞台上,我们诗意飞扬。
我们用大鼓敲起十月欢快的节奏,
我们用歌声唱起十月甜美的音符。

我们挥起心儿的翅膀，翻飞在十月的花海中，
我们摇响幸福的铃铛，欢腾在十月的阳光下。
2020庆国庆文艺演出现在开始！

2.
男：今夜，我们将踏着新年的钟声，共同迎来一个平安、祥和、幸福的夜晚；
女：今夜，我们一起欢乐，一起幸福，一起将我们的祝福送到天南地北。
男：今夜，我们相约在这里，享受缘分带给我们的欢乐，享受这段美好时光；
女：今夜，我们相约在这里，一起用心来感受真情，用爱来融化冰雪。
男：今夜，我们相聚在这里，敞开你的心扉，释放你的激情；
女：今夜，我们相聚在这里，这里将成为欢乐的海洋，让快乐响彻云霄。
合：祝福大家，新春快乐，合家欢乐，万事如意。

3.
尊敬的来宾，亲爱的父老乡亲们，大家晚上好！
在这春暖花开、喜气洋洋的日子里，
我们迎来了咱们中国人的传统节日——元宵节！
首先祝各位，节日快乐，身体健康，家庭幸福，事业辉煌，宏图大展！
今晚，天上明月高挂，地上彩灯万盏！
今晚，我们相聚酒城，放飞心中梦想！
记住我们相约的日子，记住我们相伴的岁月！
春色无边，良宵玉宇初圆月。
太平有象，火树银花不夜天。
就让我们共同享受这欢乐的气氛，
元宵晚会现在开始。

4.
男：诗歌是人类文化的瑰宝。
女：诗歌是人类智慧的积淀。
男：诗歌像蔚蓝的大海，她蕴积深厚而壮阔波澜。
女：诗歌像巍峨的高山，她深邃凝重而意境深远。
男：那一首首闪烁着智慧的经典，
让我们的灵魂得到洗礼。
女：那一篇篇散发着馥郁的篇章，

让我们的人格得到历练。

合：今夜，就让我们走进诗歌的殿堂，一起体味这最为纯粹的享受，共同感悟那无与伦比的经典。诗歌朗诵比赛，正式开始。

5.
（结束语）

男：芳菲四月，我们看繁花开满大地，点缀生命的美丽。

女：谷雨时节，我们听鸟儿飞过天空，热闹午后的诗意。

男：感谢各位来宾，你们的到来是我们最大的动力。

女：感谢各位观众，你们的观看是我们最大的骄傲。

男：华丽的诗歌盛宴，在这样美丽的午后华丽地落幕。

女：精彩的声音对决，在这样温暖的时候精彩地结束。

男：让我们用掌声给选手再次的鼓励。

女：让我们用呐喊给诗会最美的祝福。

男：谢谢你们。

女：谢谢大家。

6.
走过2008这平凡而又伟大的一年，我们由衷地从心底里发出一个声音："中国加油！"是灾难，也是力量的凝聚，生死相依，生死相助，我们在一起；是欢乐，也是精神的检阅，微笑相连，激情相递，我们在一起。这是一张又一张陌生的面孔，在这个瞬间被我们记住，这是一个又一个无言的身影，在这样的场景被我们铭记，这是一个又一个感动的声音，在这样的时刻被我们传递，因为他就是我和你。

2008，为什么我们眼中常含着泪水，因为我们对这土地爱得深沉。我们的心在2008紧紧地与祖国贴在一起，在2008，我们只有一个共同的名字：中国人。

7.
甲：尊敬的各位领导，

乙：亲爱的各族同胞，

合：大家新年好！

甲：2017年在成功和收获的喜悦中渐渐远去了，

乙：2018年的钟声即将敲响。

甲：让欢笑伴着你，欢笑的名字叫灿烂；

乙：让温馨伴着你，温馨的名字叫永远。

甲：我的祝福飘在长风里，如歌如梦；

乙：我的祈祷飘在雪花中，如诗如画。

甲：今夜无眠，

乙：今夜有梦。

甲：让我们手牵手，肩并肩；

乙：让我们跳起来，唱起来。

甲：歌唱春天，

乙：歌唱未来，

合：歌唱辉煌的2018年！

8.

甲：亲爱的观众朋友们，大家——

合：过年好！

甲：这里是春节联欢晚会的现场，我们台上所有的主持人给全国各族人民、全世界的中华儿女，

合：拜年啦！

乙：今天是个团圆的日子，关东塞北川西江南，无论您在何处，我们都怀着最大的热忱邀请您一起共迎新春。

甲：今天是个喜庆的日子，在过去的一年，无论您收获什么，今夜我们都会邀您一起举杯欢庆、同贺新禧。

乙：今天是个迎新的日子，去旧图新万象更新，无论您是几零后，今夜我们都邀您一起欢歌热舞、尽展新意。

甲：今天是个祈福的日子，连年有余四季平安，无论您对新年有什么样的期待，我们都邀您一起抖擞精神、共谱新篇。

乙：今天是个好日子，新春新意新禧新篇汇在一起就是新春中国我们将给大家送上一顿很丰盛的新的年夜饭。

甲：说得好，今夜尝不尽的是五湖四海的中国味，今夜美不够的是欢乐祥和的中国年。

乙：亲爱的观众朋友，新年的钟声即将敲响，让我们心连心、手牵手。

合：共同迎接2019！

9.

男：现场所有的老师们，同学们，大家晚上好！我是来自××系的×××。

女：我是来自××系的×××，很荣幸担任本次比赛的主持人。

男：这里是2019"我的大学　青春飞扬"演讲比赛的现场，比赛开始之

前，请允许我以主持人的身份感谢在座的诸位朋友。感谢你们的大力支持和积极参与，没有你们的帮助和鼓励，我们是不可能在此欢聚一堂的，谢谢你们。

女：今天是喜悦让我们相聚在一起，今天是共同的对大学的热爱让我们手拉手来到这里。今天让我们用真诚的火花将激情点燃，今天让我们用激扬的文字将生活添彩。

男：漫步校园，感受着幽静与书香。华灯初上，俯瞰自习室亮出梦想的辉煌。大学，你是自由与知识的殿堂，在这里，有浩如烟海的书籍，有知识的交融，有思想的碰撞。在这里，我们乘着前人的智慧，高飞远大的前程。

女：我的大学，你是如此让我依恋，让我心漾。今天就让我们用最真心的话语，表达对你最真挚、最深切的爱。

男：朋友们，希望今天能够敞开你们的心扉，释放你们的激情，诵出你们的梦想。让我们分享你那伶俐的口才，分享智慧的幽默，分享演讲的激情。

10.

甲：各位亲爱的观众朋友们，

乙：各位电视机前的、海内外的华侨华人朋友们，大家——

合：节日好！

甲：又是一年中秋月明，又是一年共赏一轮明月。大家好，我是×××。

乙：大家好，我是×××。您现在正在收看的是2018年中秋晚会"蓉城月，中华情"。

丙：大家好，我是×××。中秋佳节，是全球华人华侨共同的节日，今天我真的是非常的兴奋，可以在这个美丽的晚上在这里跟大家见面。朋友们，中秋节快乐！

甲：今天可能很多朋友不能来到我们的晚会现场。不过，没关系，不管你们在什么地方，我们都诚挚地邀请您和我们一起望明月，许下心愿，传递真情！

合：今晚让我们相聚天府之国，共叙中华情缘！

二、电视栏目主持训练

生活在信息时代，人们的生活节奏日益加快，荧屏作为传播现代信息和文化知识的有效载体，使观众在短时间内得到更多更新的内容。主持人作为电视连接观众最直接、最能沟通情感的中介，作为电视节目最积极、最能传情达意的主导人物，要能够在不同的栏目中表现自己的才华气质和语言特色，通过艺术魅力吸引观众。

电视栏目主持人首先要了解节目的宗旨、内容、范围、形式、风格特点，其次要清楚节目的服务对象，了解他们的心理需求，这样才能明确和把握自己的形象定位，才能与节目的形象风格统一，才会与节目相融合。

一个优秀的电视栏目主持人，其到位的主持中透露出来的人格魅力、学识修养，可以给电视栏目增光添彩，成为栏目的灵魂，使许多观众因喜欢这位主持人而喜欢上他主持的栏目。

1.

教育成就梦想，学习陪伴终生。亲爱的观众朋友大家好，欢迎收看《名师导学》。我是主持人×××。许多同学问，为什么要把语文称作是百科之母？因为我们从牙牙学语开始，语文就无时无刻不存在于我们的生活。有的人觉得我们具备了基础的听说读写能力就够了，再学习那些自己不感兴趣的文章只是浪费时间。可他们有没有想过，如果没有语文课了，我们的生活会变成什么样？也许，我们看懂数理化问题都成了困难；也许，我们的生活到处都充斥着粗话、脏话；也许，生活中处处都是粗俗无礼的人，少了些谦逊有爱之人……从古至今，人们对于语文的学习一刻也没有停止过。语文并不是简单的学习课本的知识，而是教导我们如何去思考，如何为人处世，如何生存。当我们羡慕别人拥有三寸不烂之舌、完美驾驭文字的能力、高尚的人格魅力时，不要忘了他们都是学习语文的成功者。今天我们的栏目将和大家一起分享学习语文的经验，谈一谈如何有效地提升语文素养……

2.

电视机前的观众朋友们，大家好。欢迎收看由我为您主持的《动物大揭秘》，节目中我们将一起来探索动物世界的奥妙，感受生命的传奇。今天我要为大家介绍一种动物，名叫鸭嘴兽。鸭嘴兽很多同学没见过，有的甚至还没有听说过。的确，这种动物没有生活在我们国家，仅分布在澳大利亚。

这鸭嘴兽全身裹着柔软褐色的浓密短毛，大脑呈半球状，四肢很短，酷似鸭足，嘴巴宽扁，像面具一样装在脑袋上，形似鸭嘴，上面布满神经，能像雷达扫描器一般，接受其他动物发出的电波。鸭嘴兽仗着这一利器，在水中寻找食物和辨明方向。

鸭嘴兽无疑是地球上长相奇特的动物之一：肥肥的身体、扁扁的尾巴和嘴巴，那双可爱的小眼睛仿佛在说："我可从来不会伤害任何人。"但你可千万别被它的外表给欺骗了，在雄性鸭嘴兽的膝盖背面有一根空心的刺，在用后肢向敌人猛戳时它会放出毒液。在野外遭遇鸭嘴兽，可绝不能掉以轻心。

好了同学们，今天的《动物大揭秘》节目到这里就要结束了，别忘了我们的口号是：珍爱生命，保护自然！好了，祝大家一切顺利，下期节目我们再会。

3.

观众朋友大家好，欢迎收看《都市生活》栏目。我是主持人×××，这期节目中的主人公名叫"矮哥"，大家也许对这个称呼会有看法，人家不就是长得矮了一点儿，没必要在称呼别人时就把这"矮"字挂在嘴边，这不是揭别人短、不尊重别人吗？就好像一个稍微长得胖点的妇女，您成天把人叫作"胖子、胖子"，人家心里肯定不乐意。但在这儿您别误会，这"矮哥"的称呼，不仅没有对人不敬的意思，反而还是当地老百姓对他一种亲切的叫法。不信，我们接着往下看……

刚才这位就是矮哥，名叫小王，今年34岁，身高1.03米，到这儿大家应该明白了，矮哥的"矮"并不是我们平时一般意义上说的人的高度，而是因为矮哥有先天性疾病，导致自己成了袖珍人。虽然身体特殊、生活算不上富裕，但他用勤劳的双手创造生活，在政府和亲戚朋友的支持帮助下，他的生活越来越幸福……

矮哥的故事，其实很平实，算不上惊天动地，算不上可歌可泣，但矮哥的故事在我们的心里留下了一丝温情。好了，以上就是今天节目的全部内容，感谢您的收看，让我们相约下期的《都市生活》，再见。

4.

观众朋友大家好，欢迎收看本期的《乡村》栏目。我是主持人×××。

合乐苗族乡，位于四川省泸州市叙永县的东南面。近年来，在当地政府的扶植下，广大群众不断努力，取得了许多优异的成绩，岩石荒山变成了优美苗家新村，连片烟田、欣欣向荣，以前蜿蜒曲折的泥泞山路如今成为通向大山深处的苗家致富新路。在这期的节目中，就让我们一同跟随记者的镜头去感受一下当地崭新的面貌……

合乐苗族乡在较短的时间里，由岩石荒坡变成了连片烟田，由泥泞山路变成了致富新路，优美新居拔地而起，农民生活得到改善，这充分体现了国家政策的优越和合乐人民团结奋进、拼搏进取的精神。我们相信，在广大干部群众的不断努力下，合乐苗族乡将以更加优美的姿态呈现在我们面前。好了，感谢收看本期的《乡村》栏目，再会。

5.

观众朋友您好！欢迎收看今天的《民生》栏目，我是主持人×××。

现在已经进入春天，那我们就来说说春天的故事。春暖花开正是出游的好时机。这两天四川泸州景坡路幼儿园的孩子去郊游，并且他们有一个惊人的发现——听到了树的心跳,让我们一起来看一看,究竟是怎么回事儿……

孩子们的生活是美好的,无忧无虑。但此时备战高考的学生压力非常大,云南大姚县第一中学重点班的李亮亮同学,因家境贫寒,不得不放弃高考,放弃他的大学梦。但是就在这时奇迹出现了,社会人士的支持使他重新回到了校园,继续他的圆梦之旅……

经济,是人民最关心的话题,所谓春雨贵如油,不只春雨贵啊,天然气、杂粮价格不断提高。也许细心的人注意到了现在对于涨价的现象政府已经采取临时价格干预措施,价格毫无疑问是最大的民生问题之一,政府从限制自己和国企这儿就开始了……

由于事关2008年的最大关键词"民生",政府估计会在整个2008年都不会掉以轻心,但这次临时价格干预事件也许会给大伙儿提个醒,"临时"毕竟不是长远之计,如何建立更长效的价格调控机制才是最重要的。

相聚的时间总是太短,又要和大家说再见了,期待在下一期的《民生》节目中与您再次相见。

6.

Hello,大家好!这里是《超级小明星》栏目,我是大家的老朋友,超级娱乐主持人×××。在上期的节目中,我们邀请到的嘉宾给大伙儿带来了各种才艺,真让我们大饱眼福。下来也有许多观众给我们留言,希望能参与节目为大家展示才艺,也让自己真正过把明星瘾。那么好消息来了:只要你年满4周岁,只要你有胆量,就可以报名参加,才艺不限。电视机前的你心动了吗?那还在等什么?立即拨打屏幕下方的热线电话或者在我们的微信号上报名吧。超级过把瘾,圆你明星梦。

三、外景主持训练

外景主持是一种常见的主持方式。不同于棚内录制相对固定的主持套路,外景主持的类型往往更加丰富,节目内容也更具有趣味性,更贴近普通老百姓的生活,也更加注重群众参与度和与观众的亲密度。

外景主持人除了要具备过硬的专业素质,还要能准确把握自身的角色定位,这样才能拉近观众与节目现场的距离,使得节目内容更加真实可信,从而提高节目的质量。

与封闭的演播室不同,外景主持的空间更加开放,突发情况会增多,因此外景主持人对录制现场的运筹帷幄和临场应变能力对整个节目起着至关重要的作用。在面对更多群众和开放性的组织空间下,外景主持人要把握全局、掌握时间，保证节目内容在既定时间内得到合理的安排并顺利完成。

1.

大家好，欢迎来到《走四方》栏目。我是你们的老朋友×××，大家已经看到了我现在所在的位置是一片美丽的大草原，所以呢，今天我们节目就要介绍一下这片草原——若尔盖草原！

站在这里，我可是非常的激动，最大的感受就是这里的空气是那么的清新，（吸气）我们本来就是自然的一部分，在城市中待久了，难免让人忘记了我们的本真，而且城市的空气质量也总是不尽如人意，所以这里的空气真的能给人一种沁人心脾的感觉。大家可以跟着我们的镜头向远处眺望。看，一些游客骑着马，在惬意地游览四周的景色，电视机前的您是不是也按捺不住内心的喜悦了呢？继续往远看啊，我们可以观察到在那绿海蓝天相接的地方，轻轻地铺着一朵白云。蓝色的天空映衬这纯白色的云，被绿色的草原托起，这是不是一种很美的享受呢？如果您厌烦了高速运转的生活，如果您想亲近自然，品味质朴，那就到美丽的若尔盖草原上走一走、看一看吧。

美好的时光总是短暂，已经到了该说再见的时候。希望电视机前的观众朋友能带着《走四方》栏目传递给您的好心情一直走下去。下周同一时间，我们不见不散。

2.

春光灿烂艳阳天，正是出游好时节。电视机前的朋友们，大家好，欢迎收看《我和周末有个约会》。

今天我将带领大家走进春天的酒城，一起欣赏春的美景，感受春的浪漫。

这里是我市的植物公园，昨天晚上的一场小雨为这里的春色抹上了浓重的一笔，正如那首美妙的诗句"夜来风雨声，花落知多少"。哎，对了，今天少年宫的同学们正好到这里来采风，他们可不会错过这大好时机，一起来看看……你瞧，这边美术班的同学们坐在湖边正用他们的彩笔描绘春的生机；那边的花丛里，写作班的同学们正在细心观察，捕捉春的灵感，构思春的佳作；广场上，表演班的小朋友正在唱着《春天在哪里》；树林里又传来了悠扬的笛声。他们用歌声、笑声、琴声奏响了春天的华彩乐章。多么令人难忘的画面，蝴蝶在山涧飞舞，小鸟在树林里歌唱，多彩的风筝带着我们美丽的梦想，在温暖的春色里飞扬。

电视机前的观众朋友们，让我们伴随着春天的脚步，去迎接美好的明天吧！今天的节目就到这里，Bye—bye！

3.

观众朋友，今天我们来到的地方是四川十大最美古街之一，鱼凫古街。您看到这里清一色的仿古建筑，灰褐色的琉璃瓦错落有致、雕梁画栋、飞檐斗拱，映衬着古色古香的朱红木门，飘逸着明清古风的园林式川南仿古建筑，一种久违的亲切感油然而生，徜徉其间，潺潺的小桥流水声声不息，令人如痴如醉、流连忘返。

这"鱼凫"二字从何而来？据史料记载，明嘉靖年间，状元杨升庵到云南永昌卫，途经这里，此地虽然山高路险，却见山清水秀，鱼翔浅底，杨状元遂在一峭壁上写下"鱼凫关"三字，并在鱼凫关留下题联"华夷统镇连千里，黔蜀分疆第一关"。这就是鱼凫二字的由来。斗转星移，如今相距杨升庵先生路过永宁的日子已过四五百年了，但由他题名的鱼凫关而得名的鱼凫古街，因他的墨迹被历史风干而更加彰显其文化气息。

四、访谈主持训练

有声语言是节目主持人最为重要的传播工具，而访谈类节目主要是运用有声语言的表达技巧与受众进行沟通和交流，所以扎实的语言功底是节目成功的基础。访谈节目的主持人要做到"遇强不弱，遇弱不强"：面对来宾滔滔不绝的谈话，能巧妙地运用语言及时引导；面对不善言谈的嘉宾，能用循循善诱的语言自然地引导。

访谈节目中，主持人是节目的核心和灵魂。驾驭现场的调控能力，把访谈节目主持人和其他类型主持人区分开来，正是这种能力体现了谈话节目主持人的巨大作用和核心地位。访谈主持能力包括引导能力、倾听能力、协调能力、应变能力。

1.

亲爱的同学们，大家好！感动影响生命，智慧启迪人生。欢迎大家收看《大城小事》访谈节目，我是主持人×××。今天我们非常荣幸地请到了百子图老年公寓的何阿姨。何阿姨背后有着数不尽的故事，下面就让我们来首先认识一下何阿姨（播放录像）。接下来，让我们以热烈的掌声欢迎何阿姨的到来。

何阿姨，通过刚刚幻灯片的介绍我们了解到，您从小就跟您的母亲和妹妹相依为命，那么想必您的母亲也一定是一位具有坚强意志的女人，您能给我们讲讲您的母亲吗？……

听了何阿姨的故事，同学们是否也想起了自己的母亲？哪位同学愿意跟大家分享一下母亲曾经给你留下的感动？……

我们每个人的生命中都会遇到形形色色各种各样的人，那么到底哪些人对你的生命产生了重要的影响呢，是亲人？是老师？是朋友？相信每个人都有不同的答案。那么你是否会感激这些人为我们所做的一切？当你长大以后会用什么样的方式去回报为你默默付出的人？这是值得每一位同学思考的问题。好了，今天的《大城小事》访谈节目到这里就要和大家说再见了，感谢各位同学的到来，同时我们再次以热烈的掌声对何阿姨的到来表示感谢。朋友们，下期节目再会。

2.

观众朋友大家好，欢迎收看我们本期的直播访谈，我是主持人×××。本期节目我们邀请两位嘉宾和广大网友交流第五届全国电视节目主持人大赛的情况。坐在我身边的是金老师，在金老师身旁的是我们非常熟悉的李老师。非常欢迎两位老师做客我们今天的节目。第五届全国电视节目主持人大赛报名从5月1日开始，登录中国网络电视台网站能看到很多信息，到现在我们还在报名的过程当中。有很多网友提出很多问题，所以今天特别邀请两位老师回答网友的这些问题。全国电视节目主持人大赛大家非常熟悉，是一个品牌，今年已经是第五届，有很多大家非常熟悉的知名主持人都是从大赛中脱颖而出的，大伙儿很想了解一下第五届与往届电视节目主持人大赛相比有哪些亮点和特点，在这里我们请李老师为大家介绍一下本次大赛的相关情况……

其实大家梳理往届大赛会发现，非常优秀的选手脱颖而出的时候，每个人都有自己的特点，但是也有很多相同之处，比如说，他们都有非常好的语言表达能力，都有非常敏锐的思维能力，金老师您觉得一个优秀主持人个人素质的标准是……

听了两位老师的介绍，应该说我们对这一届全国电视节目主持人大赛已经有了一个很好的了解。在此我们非常感谢金老师和李老师做客我们今天的节目，电脑前的网友请鼓起你的勇气，摆正心态，登录中国网络电视台网站报名吧。

3.

大家好，欢迎来到《大家说教》。有一位诗人说过，感恩是白云对风的微笑，感恩是羊儿对青草的眷恋，感恩是鱼儿对溪水的爱恋，感恩是鸟儿对蓝天的爱恋，今天我们《大家说教》栏目组走进省重点小学，并邀请到几位嘉宾来到节目现场，就是要和大家一起来探讨感恩，一起来领悟感恩的深刻内涵……

俗话说"滴水之恩，当涌泉相报"。更何况父母、亲友为你付出的不仅仅是"一滴水"，而是一片汪洋大海。作为学生又该怎样来诠释你的感恩之心？

你是否在父母劳累后递上一杯暖茶，在他们生日时递上一张卡片，在他们失落时奉上一番问候与安慰？感恩也许未必要做到惊天动地，它其实就藏在生活的点点滴滴之中，需要你用心去体会、去感悟。

怀着一颗感恩的心，去看待社会、看待父母、看待亲朋，你会发现自己是多么快乐，放开你的胸怀，让霏霏细雨洗刷你心灵的污染。学会感恩，因为这会使世界更美好，使生活更加充实。朋友们，本期的《大家说教》到这里就要和大家说再见了，期待下期与您再会。

第二节　播音综合训练

播音这种语言艺术形式除了在电视中出现，还在广播以及新型电子媒体中广泛运用。播音不仅仅是指电视口播新闻的播音，还包括新闻、评论、通讯、文艺稿件的幕后解读等方面。播音员的主要职责是播读编辑的稿件，表达的是稿件所反映的主旨和感情色彩，所以播音员是其所代表的媒介的"转述者"。

规整性是播音语言的基本特点。规整性是指有声语言的规范、工整、质朴、缜密。它至少应该具有以下四个特征：

第一，字正腔圆，呼吸无声。在吐字归音上应该"字字珠玑"，切忌音包字、葫芦字、棉花腔，不但要正确、规范，还要有韵律美。那种声音似乎优美，但吐字含混、咬字塌瘪的播音，是不可取的。

第二，格式正确，轻重恰当。每一个词、词组都有轻重格式，违背了轻重格式的规律不但显得语言不够规整，有时还会使得语意不清、语气生硬。

第三，逻辑严密，不涩不粘。按语法关系停顿连接，按主次关系突出削弱，按逻辑联系衔接呼应，按政策高度把握分寸。不能生涩、拖沓，不宜粘连一堆，散乱一片。

第四，语势平稳，不浓不淡。播音切忌从语势上追求大起大落、突起突落，也不宜着意夸张渲染。感情色彩太淡，给人以冰冷的感觉，而感情色彩过浓，也会造成故作多情的印象。

一、电视口播新闻播音训练

电视口播新闻一般没有新闻现场的影像画面，它以语言为主要的传达信息手段，以面部表情、眼神来辅助声音传达内容。一般采用讲述式，要做到声音刚实、气息深厚、吐字饱满。同时，口播新闻要做到仪态端庄、从容自然，不能有夸大的面部表情，切忌目光呆滞、僵硬刻板。

1.

A：观众朋友，大家好！

B：大家好，欢迎收看《财经报道》。

A：来自沪深证券交易所的最新统计数据显示，截至上周最后一个交易日，流通市值为55572.8亿元，较前一周减少了7.9%，其中沪市流通市值减少7.4%，升值减少8.8%。

B：受沪深股市下挫影响下周基金净值整体下跌，中国银河证券统计数据显示，上周236只开放式基金中也仅有8只实现了净值增长。

A：据《证券时报》报道，日前中国保监会资金监管部人士证实，保险资金直接投资股市比例由原来的不超过上年末总资产的5%提高至10%，而通过购买基金间接入市的比例则由原来的15%降为10%。

B：据央视国际报道，由中国建设部提交的城市公共交通标志等图形符号征求意见稿日前通过国家公示，建设部官员称要加速推进中国公共信息图形符号设计与应用，全面实施国家标准化战略。

A：据新华网报道，为有效惩治和遏制土地违法违规行为，监察部和国土资源部强调在进一步开展查处土地违法违规案件专项行动中，要严格执法，坚决纠正以罚代法行为。

B：观众朋友，今天的《财经报道》节目到这里就结束了，明天请继续收看。

A：再见！

2.

A：观众朋友，下面请看一组国际简讯。

B：韩国警方日前逮捕两名诈骗案嫌疑人，他们涉嫌使用假自动提款机盗取信用卡密码，诈骗金额高达7000万韩元。据《韩朝日报》报道，这个犯罪团伙在釜山街头安装数台假自动提款机，其实暗藏读卡器和摄像头。一旦人们把信用卡插入假提款机，读卡器就会记下卡上数据，摄像头则会录下手指触摸数字按钮的过程，从而获得信用卡密码。罪犯根据所获数据制作假卡到真提款机上取钱。

A：因为有球迷在冲突中死亡，阿根廷政府3日责令事发地新芝加哥体育场禁赛20场。事情发生在6月25日新芝加哥队和蒂格雷队的比赛中，双方球迷发生冲突，导致一名41岁的男球迷死亡，另外数10名球迷受伤，数10名足球流氓被捕。

B：前英格兰队主帅埃里克松3日抵达曼彻斯特，这标志着他离执掌曼城队教鞭又近了一步。作为曼城队的头号主帅目标，埃里克松当时并没有透露一些此行的细节，他说："我更愿意明天再说。"他只是表示将在4日与曼城队的代表会面，由于新赛季前球队的训练4日就要开始，因此埃里克松可能在被正式任命为球队主帅之前，就要与队员见面。

B：这次节目播送完了。

A：感谢收看，再见！

B：再见！

二、新闻稿件播音训练

新闻稿件的播音要做到朴实、明快、清晰、流畅。"导语"播得鲜明、醒目，"主体"要播得深入细致、语气连贯、层次分明，"结尾"要稍慢、收住。

1.

本台消息：9月2日，泰国总理阿披实在曼谷接受中泰记者联合采访时表示，希望进一步密切泰中友好合作，特别是加强两国在基础设施建设方面的合作。

阿披实表示，他将于本月4日至5日前往中国上海访问，参观世博会是他此行的主要目的。泰国民众对于能够参与世博会抱有非常高的热情和兴趣，同时自己也很高兴看到泰国馆受到观众欢迎和喜爱，希望通过泰国馆展示泰中两国政府以及人民之间的友好情谊。

阿披实还介绍了当前泰国国内政治和经济形势。他说，在经历了全球金融危机之后，泰国经济目前发展状况良好，而且泰国总体局势已经得到了控制和缓解。阿披实说："我相信随着局势的进一步缓解和稳定，泰国旅游业会尽快复苏。虽然近期发生了一些暴力恐吓事件，但是泰国政府会对此做更进一步的追查和监控，相信不会对旅游业造成太大影响。"阿披实真诚地向中国游客发出邀请，并希望中国游客的到来能够刺激泰国经济的增长。

2.

新闻速递：举世瞩目的第29届夏季奥运会昨晚在北京隆重开幕。古希腊赫拉神庙前采集的太阳之光，跨过五大洲四大洋的千山万水，960万平方公里神州大地，经历海拔8844米地球之巅的攀登，通过全世界2万多人手手相传，昨天，终于来到北京，来到鸟巢，来到第29届夏季奥运会主火炬的面前。

80多个国家的元首和首脑，204个奥运大家庭成员，16000名运动员和教练员，10万名现场观众，数十亿电视观众；东方和西方，中国和世界，我们、你们和他们，一起见证了这辉煌的时刻。

三、评论稿件播音训练

评论播音的语言特点是：观点鲜明、立场坚定、逻辑严密、论证有力、层次清楚、吐字清楚、落落大方、有理有力，让自己处于一种"心悦诚服"之后"坚定不移"的状态。

1.

"打白条"花样翻新　村里印发代金券

四川宜宾喜捷镇红楼梦村的村民近日向记者反映，当地村委会把多年来拖欠农民的400万元土地款印成了精美的代金券，替代人民币发给了农民。这些代金券可以在本村内转让、赠予，还可以继承。但如果想换成真钱要等到60多岁。人民币上印有"中国人民银行"的字样，这些代金券上印的则是"红楼梦村民委员会"，券面上盖有村委会公章。《中国人民银行法》规定，"任何单位和个人不得印制、发售代币票券，以代替人民币在市场上流通"。红楼梦村委如此明目张胆地打白条，实质就是变着法不让老百姓拿钱，"集体土地"变"国有"，"现金"变"白条"，连个村干部都把权力发挥得淋漓尽致，小权力并不输于大权力，一旦腐败，它一样可怕、一样疯狂、一样贻害无穷。

2.

地沟油主要犯罪网络已被摧毁

据公安部网站消息，近日，最高人民法院、最高人民检察院、公安部联合下发《关于依法严惩"地沟油"犯罪活动的通知》。《通知》要求各级人民法院、人民检察院、公安机关要坚决打击"地沟油"进入食用领域的各种犯罪行为，坚决保护人民群众切身利益。自去年8月份以来，公安部、国务院食安办等部门联合部署开展严厉打击"地沟油"违法犯罪专项工作，且主要犯罪网络已被摧毁。

看过这样一条新闻，大家有没有觉得大快人心呢？想必大家都知道，近几年，我国许多地方都存在一个令人发指的问题——"地沟油"问题，这个问题可以说已经成为一个公开的"秘密"。有些人长期以倒卖"地沟油"为生，他们把这些地沟油经过化学处理后装入成品油桶流入餐桌，严重威胁到我们的生命健康，真是非常可气又可恨。可能有些观众对地沟油还不是特别的了解，首先呢，给大家介绍一下什么叫"地沟油"。"地沟油"从原料来区分，一般分为三种：第一种是用餐厨垃圾，即将油腻漂浮物或者宾馆、酒店的剩饭剩菜（通称泔水）经过简单加工、粗炼出的油；第二种是用废弃油脂，就是油炸食品的油多次反复使用后，又非法加工后提炼出的油；第三种是用各类肉及肉制品加工废弃物等非食品原料，包括用不符合食用卫生要求的猪、牛、羊、鸡、鸭、鹅等动物内脏、下水等加工提炼的所谓"食用油"。

这些油听起来就很恶心了，那消费者应该怎么鉴别呢？

一看。

看透明度，纯净的植物油呈透明状；看色泽，纯净的油为无色。

二闻。

每种油都有各自独特的气味。我们在商场选购的时候，可以在手掌上滴一两滴油，双手合拢摩擦，发热时仔细闻其气味。有臭味的很可能就是地沟油，若有矿物油的气味更不能买。

三尝。

用筷子取一滴油，仔细品尝其味道。口感带酸味的油是不合格产品，有焦苦味的油已发生酸败，有异味的油可能是"地沟油"。

四听。

取油层底部的油一两滴，涂在易燃的纸片上，点燃并听其响声。燃烧正常无响声的是合格产品；燃烧不正常且发出"吱吱"声音的，水分超标，是不合格产品；燃烧时发出"噼叭"爆炸声，表明油的含水量严重超标，而且有可能是掺假产品，绝对不能购买。

五问。

问商家的进货渠道，必要时索要进货发票或查看当地食品卫生监督部门抽样检测报告。

当然仅仅靠我们是不够的，也希望公安部与有关行政主管部门密切协作配合，进一步加强社会面管控，严密侦查、深度打击，严防漏网之鱼，严防死灰复燃，严防继续危害社会，坚决铲除这一影响食品安全的毒瘤。同时，积极会同有关部门加强源头防范、深层治理，切实捍卫群众餐桌安全，真正让老百姓吃上放心油。

四、通讯稿件播音训练

与新闻、评论相比，通讯的表现方法最为丰富，既有抒情、议论，又有叙述、描绘。通讯稿件大致分为人物通讯、事件通讯、风貌通讯、经验（工作）通讯、主题（综合）通讯等。播音员要根据不同的通讯稿件内容，善于运用语气准确地进行叙述、描绘、议论、抒情。通讯播音要做到亲切朴实、真切参与、起伏流畅，要达到准确、鲜明、生动、感人的效果。

1.

严师·慈父·名医
——记酉阳县浪坪乡评议村小学民办教师喻登智

1975年，喻登智接过教鞭，在评议村小的三尺讲台上一站就是20年。如今，他已由血气方刚的毛头小伙变成了鬓角染霜的"小老头"，可他痴心不改，无怨无悔。

说他是名医，不是因为他有多高超的医术，而是因为他一直坚持义务为学生和乡亲们治疗疾病。评议村地处酉阳、黔江、彭水三县结合部，离乡所在地也有近20公里。这里缺医少药。刚当上民师时，学生们因营养不良，常生病。喻登智买来一些医学书籍，在认真教书的同时挑灯自学，掌握了儿科推拿术，并学会了用中草药治疗简单的疾病。

一次，学生谢光玉在课堂上呕泻不止，当场休克。喻老师用学到的知识紧急施救，使谢光玉终于苏醒过来。家长闻讯赶来后，感激之泪涌出眼眶，连称喻老师"恩人"。为备足常用药品，他用自己微薄的收入在外出开会时尽可能多买些西药，利用星期天和节假日到山里采中草药。

他爱生如子。三年级学生胡世淑学习用功，成绩优良，可连续几天没到校上课了。喻老师在家访中得知，其父病故后家庭难以维持生计，只好不读书了。喻老师鼻头发酸，眼泪禁不住往外流。他当即决定免去胡世淑的学费，并保证供给她课本和学习用品，使即将失学的胡世淑重返校园。问及20年中喻老师究竟为多少学生资助过书费和学费，他说：这点小事不足挂齿。

他抓校风、学风十分严格。有人对坚持升国旗不理解，他认为"可激发学生爱国热情"；有人认为学生搞义务劳动是"不务正业"，他说这是培养"集体主义精神和爱劳动的习惯"。学生的红领巾没戴好，他帮助纠正，甚至脸未洗干净，他也帮助洗净。

乡亲们还说喻老师是真正的"以校为家"。学校教学条件差，没有教具，所用的直尺、三角板、圆规、量角器及体育器材都是他亲手仿制的。课桌凳、门窗坏了，他亲手补修。房上的瓦片被大风掀翻了，他亲自上房检修。他说这样可节约点钱，多资助几个失学儿童。

自1983年以来，他所教班级的成绩在全区的会考中总是名列前茅，其中1983年毕业的40人就有32人升入初中学习。突出的成绩使喻老师多次被乡、区、县、地评为先进教师。他于1994年9月获得中国青少年发展基金会"希望工程"园丁奖。（吴建平）

2.

温馨留蓝天　爱心在人间

3月22日下午，因丢失一年血汗钱受到西航乘务员帮助的打工妹陈太菊的两位姐姐陈太凤和陈太翠，从广汉市专程赶到成都双流机场，亲手将书有"温馨留蓝天，爱心在人间"的一面锦旗赠送给西航总经理王如岑，以表达全家人的诚挚谢意。

去年12月30日，在广东中山一童装厂打工一年的陈太菊从珠海机场乘机到成都，过安检时忙乱中不慎将12900元血汗钱丢失了。当她痛不欲生之际，西航乘务员带头为其捐款，从而感动了全机123位旅客纷纷为其解囊相助。当晚23点过，同机旅客古和强、张其君夫妇在回家整理行李时意外发现了陈太菊的钱盒，于是连夜驱车冒着浓雾赶到双流机场，将钱盒交给西航乘务部值班领导。元月一日，西航派人到广汉寻找到陈太菊后及时归还了钱盒。陈太菊收到失款后，感动不已，当场将在飞机上所得的6000元捐款委托给西航的同志，请转捐给"希望工程"。四川省青少年发展基金会接到这笔捐款后，打破常规，速将该款划拨给朱德同志的故乡仪陇县，从而使15名失学儿童得助重返校园。

"这一串串动人的真实故事，就像是导演编的，简直令人不敢相信，然而它却实实在在发生在我们自家人的身上。"陈太凤含着泪水，满怀感慨地握着王如岑的手说："你们培养了这么好的乘务员，我们全家人永远都会感激。"作为全国人大代表，3天前才从北京开完人大会议归来的王如岑托着锦旗说："推进社会主义精神文明建设，是我们共同的大事，刚召开的全国人大会议把它放在了很重要的位置。陈太菊把款转捐给'希望工程'的举动，做得很好，它对我们继续抓好安全服务工作，也是一种激励。"（陈波）

五、文艺稿件播音训练

文艺稿件大多是对文艺作品、艺术家、文艺知识的介绍和说明。因此，播音员应该以一个"介绍者"的身份出现，语言要和素材中的语言、音乐、效果协调一致、浑然一体，给人以和谐完美的感受。

1.

用声音品析美文，用耳朵漫步文学，亲爱的听众朋友们大家好，这里是"文学星空"。

今天我们来了解一位我国现代著名文学家、小说家——老舍。

老舍，原名舒庆春，字舍予。满族，北京人，人民艺术家。中国现代小说家、著名作家，杰出的语言大师，新中国第一位获得"人民艺术家"称号的作家。老舍的作品很多,其中最著名的是《茶馆》《龙须沟》《骆驼祥子》《四世同堂》。他写有剧本《春华秋实》《残雾》,中篇小说《我这一辈子》《出口成章》《阳光》,短篇小说集《赶集》《贫血集》及作品集《老舍文集》等。他的散文《猫》《母鸡》等被选入课本。北京市政府授予他"人民艺术家"的称号。老舍的一生,总是忘我地工作,他是文艺界当之无愧的劳动模范。

老舍是他最常用的笔名。因为老舍生于阴历年底,父母为他取名"庆春",含有庆贺新春、前景美好之意。舒庆春上学后,自己更名为舒舍予,"舍予"是"舒"字的分拆:舍,舍弃;予,我。含有"舍弃自我",亦有"忘我"的意思。

"老舍"这一笔名,是他在1926年发表长篇小说《老张的哲学》时首次使用的。在"舍予"前面添"老"字,而后面去掉"予"字,便成了现今人们熟知的"老舍"。这个"老"并不表示年龄大,而是含有一贯、永远的意思,老舍合起来就是一贯、永远"忘我"。他用"老舍"这一笔名发表了大量文学作品,以至于不少人只知道他的笔名。

下面我们来谈一谈老舍先生的写作风格:

首先是北京的风俗文化、市民形象的人生步履与作者的主观情愫水乳交融,三位一体,调配出老舍小说特有的"北京味儿"。

其次是带有以通俗化的幽默为重要特征的讽刺色彩。这一特色是由狄更斯等英国讽刺小说中夸张、漫画化的讽刺手法与北京市民文化中的"打哈哈"两者糅合而成的。这种幽默既是以笑代愤,又是一种自我解嘲,即老舍自己所说的把幽默看作生命的润滑剂。

叙事语言和人物语言具有鲜明的地方特色是老舍先生写作风格的又一大特点。这种地方特色是以北京市民语言及俗文学语言为原料,加以煅烧锤炼的结果。语言平易而不粗糙,俗而通雅,清浅而又韵味十足。

时间飞逝,不知不觉又来到了我们节目的尾声,通过今天的介绍大家对老舍先生是不是更加了解了呢?各位听众,我们下周同一时间再见!

2.

有人说,有华人的地方,就有《梁祝》;有人说,有音乐的地方,就有《梁祝》。今天在我们的《夜听》广播节目中就让我们再一次走近《梁祝》,去了解它的来历,体会它的无穷魅力。

《梁祝》的全称是小提琴协奏曲《梁山伯与祝英台》。它取材于同名的民间传说,这是一个传奇而浪漫的爱情故事,也是一个古老而优美动人的民间传说:四世纪中叶,在我国南方的祝家庄,聪明多情的祝员外之女祝英台,冲破封建传统的束缚,女扮男装去杭州求学。在那里,她与善良、纯朴而贫寒的青年书生梁山伯同窗三载建立了深挚的友情。当两人分别时,祝英台用各种美妙的比喻向梁山伯吐露内心蕴藏已久的爱情,诚笃的梁山伯却没有领悟。一年后,梁山伯得知祝英台是个女子,便立即向祝英台求婚。可是,祝英台已被许配给一个豪门子弟——马太守之子马文才。由于得不到自由婚姻,梁山伯不久即悲愤死去。祝英台得到这个不幸的消息后,来到梁山伯的坟墓前,向苍天发出对封建礼教的血泪控诉。梁山伯的坟墓突然裂开,祝英台毅然投入墓中,二人遂化成一对彩蝶,在花丛中飞舞,形影不离。

《梁祝》的故事在华夏大地流传一千六百余载,而在以各种艺术形式演绎的梁祝故事中,小提琴协奏曲《梁祝》以其非凡的艺术魅力风靡神州六十多年。

小提琴协奏曲《梁祝》,是由中国著名作曲家何占豪、陈钢创作的,完成于1959年;当时,他们还是上海音乐学院的学生。1959年5月27日俞丽娜首演于上海。此曲一经问世,就享誉国内外乐坛。

除了俞丽娜外,盛中国、吕思清、薛伟等小提琴家也都演奏过,也都演奏得十分精彩,动人心弦。

自当年18岁的小提琴才女俞丽娜挥弓奏响第一个音符,这部作品在六十多年间从未间断过上演,在广播、电视等各种媒体广泛传播,倾倒了世界各地亿万听众,在全球华人世界更是数十年久演不衰,所谓"有太阳的地方就有华人,有华人的地方就有《梁祝》"。从此,这对"蝴蝶"就越飞越高、越飞越远,成为中国文化感动世界的音乐符号。

各位听众,现在就请大家欣赏这部小提琴协奏曲。

第三节 演讲综合训练

演讲又叫讲演或演说,是指在公众场合以有声语言为主要手段,以体态语言为辅助手段,针对某个具体问题,鲜明、完整地发表自己的见解和主张,阐明事理或抒发情感,进行宣传鼓动的一种语言交际活动。演讲者是演讲活动的主体,在整个演讲过程中听众始终处于接受地位,因此真正意义的演讲是高度个性化的产物,是一个人的性格、气质、形态、口才的综合反映。

对于当众演讲,很多人都会感到手足无措,不敢面对听众……其实,在竞争无处不在的当今社会,孩子从入学那天开始,就免不了在集体环境中开口表达:自我介绍、竞选班干、毕业发言、升学面试,长大后还要面临面试求职、职位竞聘等各种发言……好演讲、好口才,会让才干脱颖而出!

一、微演讲训练

微演讲，内容精炼，简单易懂，充满正能量，能激发演讲热情，从而使演讲者克服恐惧，树立自信，突破自己。训练时候可以采取以下方法：一是先闭上眼睛，想象自己身处草坪，沐浴阳光，全身放松，然后再睁开眼睛，开始演说。二是为了加强礼仪姿态的训练，可以按照上台（走姿标准）——站立（站姿标准）——面部（微笑）——眼睛（有神）——演说时（富有表情）——手势（优雅）——结束（鞠躬致谢）——下台（走姿标准）——回座（坐姿标准）的流程来进行演说。

演讲时要做到声音洪亮，语音标准，有热情、有感情、有激情。

1. 快速建立自信

朋友们，大家好，我叫某某某，很高兴认识大家。

眼泪不是我们的答案，拼搏才是我们的选择。

开足马力，义无反顾，共创佳绩！

我为你们加油，也请你们为我鼓掌。

我努力！我自信！我能行！

2. 有效克服恐惧

有人说我不行，有人笑我胆小，

但我站在这里，我要大声告诉所有人，

这是新的起点，迎接新的挑战，创造新的成绩，

我相信，我能成功。

3. 提升个人魅力

再长的路，一步步也能走完。再短的路，不迈开双脚也无法到达。

一切伟大的行动和思想，都有一个微不足道的开始。

一天两天三天、天天向上，一步两步三步、步步高升。

4. 打造自己的领导力

把泪水变成汗水，把害怕变成勇敢，

把懒惰变成勤奋，把梦想变成现实。

敢于行动！敢于尝试！敢于突破！敢于挑战！

5. 提升自己的影响力

放飞理想，就能找到前进的方向；

放飞理想，就算失败也能勇往直前；

放飞理想，就能在人生舞台表现最棒的自己。

理想就是力量，坚持就能成功！

6. 让别人快速地接受你、喜欢你、尊重你

谦虚使人进步，骄傲使人落后。

不要嘲笑他人，不要狂妄自大，

埋头苦干，坚持学习，超越自己，超越梦想！

7. 参加竞选的必经之路

重任在肩，埋头苦干；坚持努力，说到做到。

不做口头的巨人，要做行动的标兵！

把握今天的奋斗，才能收获明天的精彩！

8. 让你快速成长的好方法

只有一条路不能选择——那就是放弃的路；

只有一条路不能拒绝——那就是成长的路。

成长路上，自信相伴，拒绝懒惰，终能成材！

9. 打造优秀团队从而取得成功

信心是力量的源泉，坚持是成功的保证。

成功者决不放弃，放弃者绝不成功。

相信自己，相信伙伴，齐心协力，共创佳绩！

10. 激发潜能的好方法

嘲笑！打击！并不能让我放弃。

坚持！奋斗！定能证明自己的实力。

第一千次摔倒了，就第一千零一次爬起来。

没有经历风雨，怎能见得彩虹。

只有经历失败，才能获得最终的胜利！

11. 提高战斗力，实现你的梦想

人生充满着期待，梦想连接着未来。

每一天都是新的一页，每一秒都是新的开始，

丢掉生活的纷繁复杂，努力让自己成为更好的自己。

只做第一个我，不做第二个谁。

12. 有效突破自己，激励自己

有志者、事竟成，破釜沉舟，百二秦关终属楚。

崎岖的道路，不能阻止前进的步伐；

再大的困难，不能丢掉最初的梦想！

坚持走，不回头，总有达到终点的一天！

13. 从优秀到卓越，从平凡到伟大

我们什么都没有，唯一的财富就是自信。

自信让我与众不同，奋斗让我改变命运。

没有人可以阻碍我的成长，

没有困难可以阻碍我的成功。

志存高远，一往无前！

二、主题演讲训练

"讲"是讲明道理，诉说对某一问题的看法，"演"是借助声音、表情、动作来加强演讲的生动性。演讲者首先要对自己演讲的内容有深刻认识，要有思想、有高度，要感于内心、发自肺腑，演讲是真情实感的流露。其次要做到声音悦耳动听、字正腔圆，要有抑扬顿挫。除了能很好地运用有声语言，还要加上无声的动作、体态、表情，两者相辅相成，巧妙结合，融为一体，从而调动听众的情绪，引起听众的共鸣。

1.

不忘初心，捍卫梦想

我们因梦想而伟大，所有的成功者都是大梦想家。在冬夜的火堆旁，在阴天的雨雾里，在失败的痛苦中，梦想从未破灭。拥有梦想的人是值得尊敬的，也是让人羡慕的。当大多数人碌碌无为地为现实奔忙的时候，请你坚持下去，不用害怕与众不同，你该有怎么样的人生，应该由你亲自去撰写。世界上最快乐的事，莫过于为理想而奋斗。让我们不忘初心，继续向前，一起捍卫最初的梦想。

2.

微笑的力量

大家好！"笑是无言的礼貌，一个微笑使你赢得整个世界。"微笑比电便宜，却比灯光灿烂，不仅照亮自己，更能温暖他人。

"请把我的歌带回你的家，请把你的微笑留下。"每当大家唱出这首歌时，脸上总是充满着幸福的笑容。真正懂得微笑的人，总是容易获得比别人更多的机会，总是容易取得成功。朋友们，想赢得整个世界吗？那就将你最美丽的微笑展现给所有人吧！

3.

收获幸福

世界是一面镜子，映照着我们的内心；我们的内心是什么样子，这个世界就是什么样子；有的人选择抱怨，那他的内心将会充满痛苦、黑暗和绝望；有的人选择感恩，他的世界就会拥有阳光、希望和爱。一个微笑，一次握手，一个拥抱，一句赞美，都是获得幸福的方法。

用心感受生活，用爱拥抱生命，你将获得美满幸福的人生。

4.
拼尽全力

一个人，他不做任何尝试，他不做任何冒险的事，他也不为任何事情努力，他永远都不会失败。但是你不同，你做过梦，你哭过，笑过，后悔过，奋斗过。于是啊，那么那么普通的一个你，却拼尽全力活出了最好的自己，又有谁，有资格说你的人生不成功？

5.
珍惜时间

世界上有一种奇妙的东西，它最长又最短，最慢而又最快。既可拓展到亿万斯年无穷大，又能分割为分分秒秒无穷小；它最容易被人忽视，而又最令人后悔。它是什么？它就是时间，古往今来多少文人圣贤为它讴歌，为它赞叹。"逝者如斯夫"，这是哲人的感慨；"君不见黄河之水天上来，奔流到海不复回；君不见高堂明镜悲白发，朝如青丝暮成雪"，这是诗人的高歌。亲爱的朋友们，请不要虚度光阴，因为珍惜时间就是珍惜青春，珍惜时间等于珍惜生命；珍惜时间就是珍惜一切。

6.
做最好的自己

一粒种子，可以无声无息地在泥土里腐烂掉，也可以长成参天大树；一块玉石，可以平庸无奇地在石丛里沉睡下去，也可以成为稀世珍宝。一个人，可以碌碌无为地在人世间虚度光阴，也可以让生命发出耀眼的光芒。如果你是大河，何必在乎别人把你说成小溪；如果你是山峰，何必在乎别人把你当作平地；如果你是春天，何必为一瓣花朵的凋零而叹息；如果你是种子，何必为还没有结出果实而着急。你就是你，那就静静微笑，勇敢向前。

7.
竞选

尊敬的各位老师，亲爱的同学们：

大家好！

我叫××，来自××班。拿破仑有言："不想当将军的士兵不是好士兵。"而我要说："自信是成功的基础！"凭着多年班级工作的经验，我很自信地站在这里，面对大家，表达我由来已久的愿望："我要竞选学生会主席！"

首先，我有热情，它让我快乐地投入学习工作。一名好的学生干部最首要的就是要有工作热情。因为热情是工作的原动力，拥有了热情才能主动服务于同学，拥有了热情才能成为同学的朋友，进而成为老师的助手！

其次，我有经验，它会让我成熟地面对工作。多年的班级工作，让我把为同学们服务视为自己生活的一部分。曾经老师和同学对我班级工作的赞扬，就是对我能力的肯定。

最后，我擅长沟通，它让我懂得合作的意义。正如马克思、恩格斯所说：只有在集体中，人才能获得全面发展才能的机会。可见一个人的能力是有限的，要想搞好一个组织，就得分工合作，结合团队的最大力量，进而更好地建设班级。

如果我能竞选成功，我将把它当成我大学生活的一个新起点，我将用我旺盛的精力和清晰的头脑，认真出色地完成老师和学校交代的工作！用我的真情和爱心为同学服务，像太阳一样带给大家温暖！有个哲学家说过，给我一个支点，我将撬起整个地球。在这里我请大家给我一个支点，我将不辜负你们的信任和期望，我将竭尽全力与大家共创美好的未来，迎接辉煌灿烂的明天！

8.

生命的价值

桃花谢了，还有再开的时候；燕子飞走了，还有回来的时候；时间过去了，却无法挽回。时间是最公平的，它给每个人一天24小时。愚蠢的人浪费时间，聪明的人与时间赛跑，跑在时间前面，成为时间的主人。"时光好比河中水，只能流去不流回"，是的，时间是无情的，它只会向前跑，永远不会后退，不管你是利用了这段时间还是浪费了这段时间，它都不让你去弥补，哪怕是一分一秒。

"明日复明日，明日何其多。我生待明日，万事成蹉跎。"一个人的一生中，有多少明日，今天的事等到明天去做，明天又变成了今天，而每个今天之后，又有无数个明天。那么，你的诺言什么时候才能实现呢？朋友们，我们必须知道生命的价值就是体现在每一分，每一秒。

一寸光阴一寸金，寸金难买寸光阴。抓住今天，你才配得上昨天，才有信心迎接美好的未来。愿我们珍惜生命中的每一分钟，创造属于自己的精彩人生。

第五章　语言艺术形式的区别和对比训练

语言艺术是艺术的一个门类，它是运用语言创造审美形象的一种艺术形式。不同的语言艺术形式要求不同的语言表达技巧。本章将容易混淆的几种语言艺术形式进行区别和对比训练，也是对播音主持、演讲口才能力的补充训练。

第一节　朗读与朗诵的区别和对比训练

朗读对声音再现的要求是自然化、本色化、生活化，但它又不等同于日常生活中的口语。它比自然口语更准确、更生动、更典型、更具美感。它要求做到"不火不温、恰到好处"。过于夸张，容易给人装腔作势、假情假意的感觉；过于平淡，像"拉家常"一样，又显得乏味。

朗诵对声音的要求是风格化、个性化甚至戏剧化，要求朗诵者通过音量、语调、节奏等方面的变化，创造出一种独特的感染力，深入并震撼听众的心灵。

一、朗读

1.

我们生于大自然，长于大自然，你用心感受过大自然吗？你可曾站在那棵树下聆听鸟儿歌唱？请用心听听，用心感受，鸟儿会是你的朋友，流水如同乐曲，世界将是另一番美好的景象。

2.

哦，自由自在的俄罗斯乡村生活，是多么富庶、安宁、丰饶啊！哦，它是多么的宁静和美满!

　　我不禁想道:皇城圣索菲亚大教堂圆顶上的十字架,还有我们城里人费尽心血所追求的一切,在这里又算得了什么呢?

二、朗诵

1.

生命

昌耀

我记得。
我记得生命
有过非常的恐惧——
那一瞬,大海冻结了。
在大海冻结的那一瞬
无数波涌凝作兀立的山岩,
小船深深沉落于涡流的洼底。
从石化的舱房
眼里石化的大海只剩一片荒凉
梦中的我
曾有非常的恐惧。
其实,我们本来就不必怀疑,
自然界原有无可摧毁的生机。
你瞧那位对着秋日
吹送蒲公英绒羽的
小公主
依然是那么淘气,
那么美丽!

2.

行路难·其一

（唐）李白

金樽清酒斗十千,玉盘珍羞直万钱。
停杯投箸不能食,拔剑四顾心茫然。
欲渡黄河冰塞川,将登太行雪满山。
闲来垂钓碧溪上,忽复乘舟梦日边。

行路难，行路难，多歧路，今安在？

长风破浪会有时，直挂云帆济沧海。

第二节　朗诵与舞台主持的区别和对比训练

朗诵是虚构和想象中的情境和情感的表现。朗诵者要为作品所感动，进入角色，抒发角色的感情，进而感染受众。

主持人有很多种类：电视栏目主持人、晚会主持人、游戏节目主持人、谈话节目主持人、竞赛栏目主持人……舞台主持即在舞台上进行主持活动，直接面向观众。主持人要让自身的主持风格融入晚会或活动中，以此来促进舞台节目的顺利进行，让观众切身体会到节目的艺术性。

一、朗诵

乡愁

余光中

小时候，乡愁是一枚小小的邮票，

我在这头，母亲在那头。

长大后，乡愁是一张窄窄的船票，

我在这头，新娘在那头。

后来啊，乡愁是一方矮矮的坟墓，

我在外头，母亲在里头。

而现在，乡愁是一湾浅浅的海峡，

我在这头，大陆在那头。

二、舞台主持

元旦晚会开场白：

A：尊敬的各位来宾，

B：现场的观众朋友们，

合：大家晚上好！

A：永远难忘的2019即将离我们远去，她已在我们奋斗的途程上留下了深深的印迹。

B：充满希望的2020将要迎我们而来，她将引领我们在人生的路途上刻下深深的轨迹。

A：就让我们带着2019的梦想，去开拓2020光辉的前景吧。

B：光辉灿烂的未来需要我们每一个人奋力拼搏。

A：人生需要建造。

B：时代需要雕刻。

A：岁月无痕，时间就像流水一般让人们难以存留。

B：岁月如歌，人生如同逆水行舟在生命之河奔腾不歇。

合：用我们的青春，用我们的热血，用我们的汗水，去浇灌明天鲜艳的花朵，去建造美好未来的宏伟大厦！

合：庆元旦联欢晚会现在开始！

第三节　朗诵与讲故事的区别和对比训练

朗诵是把文字变为声音的艺术，追求的是用声音创造原作品的意境，是虚构和想象中的情境和情感的表现。

故事是叙事性文体，多用描述性语言。讲故事需要绘声绘色、生动形象地对故事内容进行讲述，对人物角色的声音进行个性化的模仿表演。

一、朗诵

寻找梦想（有删改）

武晓秋

曾经，有一个小小的愿望。

后来，变成随风飘摇的梦想。

在茫然中，我迷失了人生方向。

生活告诉我，

勇敢去寻找丢失的梦想。

于是，我寻寻觅觅，不离不弃。

千百次的追寻，

终于眺望到它。

从此，便只顾风雨兼程。

二、讲故事

失败者与成功者

一个篮球教练，临时受聘于一个刚刚连输了10场比赛的大学球队。

不幸的是，球队第 11 场比赛打到中场时又落后了 30 分。

休息室里，每个球员都垂头丧气，这位教练问："队员们，你们要放弃吗？"

球员们低着头，虽然嘴里讲不放弃，可身体动作表明已经承认失败了。

教练接着问："各位，假如今天是篮球之神迈克尔·乔丹遇到连输 10 场，在第 11 场又落后 30 分的情况下，他会放弃吗？"

球员们都说："他绝不会放弃！"

教练又问："假如今天是拳王阿里被打得鼻青脸肿，但在钟声还没有响起、比赛还没有结束的情况下，他会不会选择放弃？"

球员们接着回答："不会！"

教练继续追问："假如发明电灯的爱迪生来打篮球，他遇到这种情况，会不会放弃？"

球员们仍然回答："不会！"

教练问他们第四个问题："那米勒会不会放弃呢？"

这时全场非常安静，有人忍不住问："米勒是哪门子人物，怎么连听都没听说过？"

教练带着一个淡淡的微笑说："这个问题问得非常好，因为米勒以前在比赛的时候选择了放弃，所以你们就从来没有听说过他的名字。"

第四节 朗诵与演讲的区别和对比训练

朗诵是表演，是在扮演角色。朗诵者通过理解作品，进入角色，抒发角色的感情，感染受众。

演讲是社会政治、经济、道德、教育领域活动的需要，是用语言说服听众接受一定的观念、思想。演讲是为了让听众信服你阐述的道理，改变或形成受众的态度，激发受众的行动欲望。演讲的表达是非表演性的，演讲不能扮演角色，演讲过程中只有一个自我，演讲者永远是自己。

一、朗诵

我爱你中国（有删改）

瞿琮

百灵鸟从蓝天飞过，我爱你中国。
我爱你春天蓬勃的秧苗，
我爱你秋日金黄的硕果，

我爱你青松气质，我爱你红梅品格。
　　我爱你碧波滚滚的南海，我爱你白雪飘飘的北国，
　　爱你森林无边，爱你群山巍峨，
　　爱你淙淙的小河，荡着清波从我的梦中流过。
　　我爱你中国，
　　我要把美好的青春献给你，
　　我的母亲，我的祖国！

二、演讲

坚持不懈，直到成功

　　我不因昨日的成功而满足，因为这是失败的先兆。我要忘却昨日的一切，是好是坏，都让它随风而去。我信心百倍，迎接新的太阳，相信"今天是此生最好的一天"。只要我一息尚存，就要坚持到底，因为我已深知成功的秘诀：坚持不懈，终会成功。

第五节　舞台主持与电视栏目主持的区别和对比训练

　　舞台主持的距离感与电视栏目主持的距离感不同。舞台主持人与观众席上的观众面对面，为了让观众跟上自己的主持节奏，从而带动观众的情感，需要舞台主持人具有更大的气场和很强的临场应变能力。而电视栏目主持面对的是镜头，观众面对的是电视机，这是由客观因素造成的距离感，因此，电视栏目主持人在主持中要利用亲和力来消除这种距离感。
　　舞台主持需要"一对万"，即找到一人面对多人的表现力。
　　电视栏目主持人采用"一对一"原则，即找到和另一个人面对面的交流感。

一、舞台主持

　　甲：尊敬的各位老师，
　　乙：亲爱的同学们，
　　合：大家上午好！
　　甲：时光飞逝，岁月如歌，转眼间，我们又度过了一个快乐而充实的学年。在老师的关爱中、父母的呵护下，我们收获了知识、学会了感恩。伴随着温暖的阳光，新的一年如约而至。

乙：今天，我们相聚在一起，凝聚着这份浓浓的师生情、同窗情，共同许下新年的愿望、共同祝福美好的明天。祝愿老师和同学们，幸福快乐！

甲：我宣布，2016新年晚会，现在开始！

二、电视栏目主持

主持人：看生活百变，享生活无限。您好，观众朋友，我是主持人×××，欢迎收看我台推出的全新栏目《生活无限》。今天我们为大家安排了《生活咨询》《财富时间》《时尚消费》《考察美食》《拍客生活》5个版块。下面跟随我一起进入《生活咨询》……

主持人：爱生活，拍生活，《生活无限》拍客大赛正在有奖征集照片。如果您是个酷爱摄影的人，就请拍下您身边的突发事、新鲜事、好玩事、幽默事，或者您家乡的发展变迁、城市建设、风土人情、自然风光。将您的照片发送到下方地址。我们有精美礼品相送。布满灰尘的老照片，让我们感叹岁月的蹉跎；稚嫩可人的儿时照片，让我们啼笑皆非；记录现在生活的照片，让我们幸福洋溢。有人把自己看作生活的主角；有人把自己看作生活的配角；有人把自己看作生活的观众；有人把自己看作生活的编导。您呢？《生活无限》栏目与您一起感悟生活、融入生活、创造生活、分享生活的美丽。

第六节 舞台主持与演讲的区别和对比训练

不同主持人的主持特色是不同的，但主持人的个人色彩不能过于浓重。舞台主持人不能锋芒毕露，成为整个舞台的中心，必须明确自身的定位，利用相对中庸的主持风格来让自身的主持融入晚会。

演讲者和现场受众直接交流，要找到时刻对受众说话的感觉，演讲者需要心中时刻有受众。在演讲中，演讲者可以通过观察受众的表情及场上的气氛，及时调整演讲的内容、方式、节奏。

一、舞台主持

尊敬的各位领导，各位来宾，兄弟们，姐妹们，大家晚上好！

今夜，我们相约在这里享受缘分带给我们的欢乐，享受这段美好时光；

今夜，我们相聚在这里，一起用心来感受真情，用爱来融化冰雪；

今夜，我们相聚在这里，敞开你的心扉，释放你的激情；

今夜，我们相聚在这里，这里将成为欢乐的海洋，让快乐响彻云霄。

二、演讲

命运的故事

命运给你一个较低的起点,是想让你用你的一生去奋斗出一个绝地反击的故事……

这个故事关于独立,关于梦想,关于勇气,关于坚忍……它不是一个水到渠成的童话,没有一点人间疾苦。

这个故事是,有志者事竟成,破釜沉舟,百二秦关终属楚;

这个故事是,苦心人天不负,卧薪尝胆,三千越甲可吞吴……

第七节　演讲与讲故事的区别和对比训练

演讲要照顾听众的心理感受,要有真情实感,表达自然,不能有表演的痕迹,要调动语言的积极因素,使自己的演说内容具备感染力。

讲故事的表现形态不只是讲述,也是一种表演。讲述者要有形象感,做到声情并茂,要将视觉、听觉、味觉、空间觉等都调动起来,能准确、鲜明、自然、形象地表达故事内容和思想感情,让听众如临其境。

一、演讲

河流的梦想

每一条河流都有自己不同的生命曲线,每一条河流也都有自己的梦想,那就是奔向大海。我们的生命,有的时候会是泥沙,你可能慢慢地就会像泥沙一样,沉淀下去了。一旦你沉淀下去,也许就不用再为了前进而努力了,但是你也永远见不到阳光了。所以我建议大家,不管你现在的生命是怎么样的,一定要有水的精神,像水一样不断积蓄自己的力量,不断地冲破障碍,当你发现时机不到的时候,先把自己的厚度给积累起来,等有一天时机来临的时候,你就能够奔腾入海。

二、讲故事

梦想真的能飞

一百年前,有位穷苦的牧羊人带着两个年幼的儿子替别人放羊。一天,他们赶着羊来到一个山坡上,一群大雁鸣叫着从他们头上飞过,很快消失在远方。牧羊人的小儿子问父亲:"爸爸,大雁要往哪里飞?"牧羊人说:"它们要去一个温暖的地方，在那里安家，度过寒冷的冬天。"大儿子眨着眼睛羡慕地说："要是我们也能像大雁那样飞起来就太好了，我可以自由飞翔，遨游世界，想去哪儿就去哪儿。"小儿子也说："要能做一只会飞的大雁多好啊！"

牧羊人沉默了一会儿，然后对儿子们说："只要你们想，你们也能飞起来。"

两个儿子半信半疑，试了试，都没能飞起来，他们用怀疑的眼神看着父亲。牧羊人说："让我飞给你们看。"于是他张开双臂，学着大雁的样子，但也没能飞起来。可牧羊人肯定地说："我因为年纪大了才飞不起来，而你们还太小，只要不断努力，将来就一定能飞起来。到那时，你们就可以去任何想去的地方了。"

兄弟俩牢牢记住了父亲的话，并一直不懈地努力着。等到他们长大——哥哥36岁、弟弟32岁时，两人果真飞起来了，因为他们发明了飞机。

这个牧羊人的两个儿子，就是美国著名的莱特兄弟。

信念是一支火把，它可以燃起一个人的激情和潜能，让他飞上梦想的天空。

有时我们也会说："我想……"但是，我们只是"说"而没有"想"。

如果真的"想"，就一定会付诸行动，而且一直朝着"想"的方向。

第八节　电视栏目主持与电视口播新闻播音的区别和对比训练

电视栏目主持人不是表演者，也有别于新闻的播报者，在节目中处于主导地位，其主要职责是组织串联一次节目的各个部分，但也要向受众传播信息、解答问题、介绍知识、提供娱乐，总是以第一人称"我"的语气，与观众或听众交谈。

电视口播新闻的播音员虽然跟电视栏目主持人一样，以语言为主要的传达信息手段，以面部表情、眼神来辅助声音传达内容，但电视口播新闻的播音员要把自我个性隐藏和融合在节目之中，仪态要端庄，服饰不能太有个性，不能有夸大的面部表情，不用第一人称进行播报。播音员是撰稿者和受众之间的纽带和桥梁，为了将各种信息客观、准确、规范、严谨地传达出去，要做到声音刚实、气息深厚、吐字饱满。

一、电视栏目主持

电视机前的大朋友、小朋友们，大家好。你们现在看到的是我市少儿频道

《欢乐的童年》，我是主持人×××。首先我要在这里祝所有的同学六一儿童节快乐！

今天是全天下小朋友特别的一天，今年也是我们少儿频道特别重要的一年。因为我们成立至今，已经陪伴全市的青少年朋友六个春夏秋冬了！在这个特别的日子里，我们要送给小朋友们更多的惊喜，更多的快乐！快乐永远是我们的主题，而且我们一直都在沿着快乐的足迹前行。

在今天的节目中，我们将带领大家去看一看，了解一下在这个六一节到来之际，我市各个学校的同学们都策划了什么样的活动，他们在用什么样的方式来庆祝自己的节日……

用形形色色、五花八门来形容大家策划的活动，那是一点儿也不夸张。大家很有想法，很有创意，也很有才华，在节目最后再次祝福各位同学节日快乐，心想事成。

二、电视口播新闻播音

A：观众朋友，晚上好！

B：晚上好！

A：欢迎收看今晚的《新闻联播》节目，今天是12月25日，星期日，农历十一月二十五日。首先请看内容提要。

B：昨天上午10时20分，沙河北满井加油站突然燃起大火。

A：国际成衣展览会今天上午开始在香港举行。

B：我国目前最大的一个建筑节能型住宅小区正在北京兴建。

A：下面请看详细内容。

B：本台消息，昨天上午10时20分，沙河北满井加油站突然燃起大火。

距加油站100米的北京飞达电子厂的干部工人听到轰轰的油桶爆炸声，纷纷抄起灭火器和铁锹冲向火场，此时首先起火的油罐车已成火团，大火和浓烟裹住了整个加油站，飞达电子厂的30多名工人干部和闻讯赶来的消防警一起奋战了一个多小时将火扑灭。

A：本台驻香港记者报道：国际成衣展览会今天上午开始在香港举行，产品分别来自亚洲、欧洲的10多个国家和地区，中国服装工业总公司带来了10多个系列，300多套服装参展。香港是世界上最大的成衣制造商中心之一，成衣出口量位居世界前列，因此这是举行成衣展览的理想场地。中国上海时装表演队10名女时装模特在展览会上表演了中国时装，这些富有东方韵味的时装，简练中见高雅、朴素中有华丽，受到了服装同行和观众的好评，有许多客商洽谈订货。

B：本台消息，我国目前最大的一个建筑节能型住宅小区，正在北京兴建。这个住宅区建在第十一届亚运会运动员村附近，建筑面积98万平方米，它采用内外墙保温新建筑技术，建成后每年将可节约冬季取暖用煤约14000吨。

A：观众朋友，下面再向您简要介绍一下这次新闻节目的主要内容。

B：昨天上午10时20分，沙河北满井加油站突然着起大火。

A：我国目前最大的一个建筑节能型住宅小区，正在北京兴建。

B：观众朋友，这次的《新闻联播》节目播送完了！

A：感谢收看，明晚同一时间请继续关注我们的节目，再见！

B：再见！

第九节　播音与朗诵的区别和对比训练

播音不是表演，排斥个人情感色彩，播音时的情感是公众性的，要符合节目类型，要从旁观者的角度出发。它是一种由有声语言和副语言来传播信息的活动。播音的语流是串珠式的，语流中的字音强调饱满的颗粒性、弹动、灵活，播音的语流是相对匀速、平稳、连贯统一的。

朗诵则需要大量个人情感的融入，朗诵的语流是变速的、波动起伏的，时而急切，时而舒缓，时而有力，时而绵软。朗诵的语流不要求统一，可根据素材情景随时变化。

一、播音

本报讯：2019年，三亚再次成为央媒聚焦的"网红"城市。1月7日，三亚日报记者从三亚市委宣传部获悉，据不完全统计，2019年，中央级媒体刊播三亚新闻稿件300多篇。其中《人民日报》报道30余篇，新华社报道40余篇，《新闻联播》《新闻直播间》《朝闻天下》等播报100多条，中新网、《光明日报》《经济日报》等央媒报道80多篇。一组组数据，再次刷出三亚"新热度"。

三亚是一座自带流量的城市。2019年，三亚迎来了"高光"时刻，人气足、吸眼球，是2019年三亚城市形象的关键词。据不完全统计，《人民日报》、新华社、央视等央媒发布新闻报道300多篇，意味着平均下来三亚差不多每天就有1条新闻被央媒关注报道。此外，在百度里搜索"三亚2019"，找到相关结果约3960万个，比2018年百度搜索三亚的数量3380万净增580万个，数字的增加意味着 2019 年三亚的人气指数持续攀升。

三亚改革创新成媒体聚焦重点。梳理央媒报道就会发现，央媒重点围绕三亚的旅游业、现代服务业、高新技术产业等三大主导产业展开宣传，宣传角度聚焦"创新""改革"等关键词。例如，《中国（海南）自由贸易试验区三亚总部经济及中央商务启动区控制性详细规划》《三亚发布〈基石计划〉推进自贸（区）港金融制度创新》，以及第六届亚洲沙滩运动会、邮轮无目的地航线试点开展、"深海勇士"号载人潜水器圆满完成首次印度洋科考任务、克利伯帆船赛、"华洽会"、南繁种业基地渐入佳境、海南岛国际电影节、垃圾分类等都成为媒体争相报道的热点。这些新闻或有思想，或有品质，有的以深读形式对三亚创新改革进行解读，有的则以综述、侧记、简讯、图片新闻的形式多层次、全方位宣传三亚新气象、新风貌。此外，俄罗斯游客与三亚救生员联合救助溺水游客、志愿者 24 小时守护搁浅领航鲸等"有温度"的社会新闻也引起了央媒关注。

三亚市政府相关负责人表示，三亚既是旅游度假"热门"，也是投资创业"热土"；既有得天独厚的"颜值"，也有产业发展的"肌肉"，这些都是吸引央媒关注的主要因素。除了有朝气、有活力，如今的三亚更是投资创业和改革开放的热土，正朝着打造中国特色自贸港建设标杆的目标阔步前行。

二、朗诵

秋歌

郭小川

秋天来了，大雁叫了；
晴空里的太阳更红、更娇了！
谷穗熟了，蝉声消了；
大地上的生活更甜、更好了！
海岸的青松啊，风卷波涛；
江南的桂花啊，香满大道。
草原的骏马啊，长了肥膘；
东北的青山啊，戴了雪帽。
呵，秋天、秋水、秋天的明月，
哪一样不曾印上我们的心血！
呵，秋花、秋实、秋天的红叶，
哪一样不曾浸透我们的汗液！

历史的高山呵，层层迭迭！
我们又爬上十丈高坡百级阶。
战斗的途程呵，绵延不绝！
我们又踏破千顷荒沙万里雪。
回身看：垒固、沟深、西风烈，
请问：谁不以手抚膺长咨嗟？
风中的野火呵，长明不灭！
有多险的关隘，就有多勇的行列。
浪里的渔舟呵，身轻如蝶！
有多大的艰难，就有多壮的胆略。
我曾随着大队杀过茫茫夜，
此刻又唱"雄关漫道真如铁"。
我曾随着战友访问黄洋界，
当年的白军不知何处死荒野！
只有江河的流水长滔滔，
只见战斗的红旗永不倒！
只有勇士的豪情日日高，
只见收获的季节年年到。
哦，秋天来了，大雁叫了；
晴空里的太阳更红、更娇了！
哦，谷穗熟了，蝉声消了，
大地上的生活更甜、更好了！

参考文献

解芳. 普通话语音发声［M］. 太原：北岳文艺出版社，2014.

田园曲，辛逸乐. 主持人语音与艺术发声教程［M］. 北京：清华大学出版社，2015.

赵秀环. 播音主持艺术语言基本功训练教程［M］. 北京：中国传媒大学出版社，2011.

普通话培训与测试研究中心，普通话水平测试教材编写组. 普通话水平测试专用教材［M］. 北京：北京理工大学出版社，2015.

翁如. 主持人思维训练教程［M］. 北京：中国传媒大学出版社，2007.